위험 낮고 수익 높은
ELS 투자마법

위험 낮고 수익 높은 ELS 투자마법

초판 1쇄 인쇄 2008년 8월 25일
초판 1쇄 발행 2008년 9월 1일

지은이　**주성식**
펴낸이　**박옥란**
편집　**강지은 박현아 황수진**
교열교정　**이기동**
디자인　**나준희**

펴낸곳　**맛있는책**
출판등록　제310-2006-00024호
주소　서울시 서대문구 충정로 2가 99-3 동신빌딩 5층
E-Mail　change4dream@empal.com
전화　(02) 318-1204
팩스　(02) 318-1205

값 10,000원
ⓒ 2008 주성식
ISBN 978-89-93174-02-1 13320

위험 낮고
수익 높은
ELS
주성식 지음
투자마법

智休 맛있는책

알짜상품 ELS에도
'공짜점심은 없다'

2008년 대한민국 증시는 한 마디로 '들쑥날쑥'이다. 방향성을 잃은 채 이리저리 휘둘리는 신세로 전락했다. 미국의 서브프라임 모기지 부실사태로 촉발된 글로벌 금융시장 불안이 가시지 않고 있는데다 국제원유 및 원자재 가격급등 등으로 한때 2000을 가볍게 넘겼던 증시가 지금은 1500선에 간신히 턱걸이하는 처지다. 앞으로 어떻게 될지 누구도 확신하지 못하는 상황이다.

요컨대 변동성과 불확실성이 그만큼 중요한 변수로 등장하고 있다. 증시만이 아니다. 승승장구하던 부동산시장도 잔뜩 움츠린 상태다. 분양가 상한제 등 참여정부 시절부터 강력히 시행돼온 각종 정책의 영향 탓인지 이명박 정부의 규제완화 방침에도 불구하고 좀처럼 침체국면에서 벗어나지 못하고 있다. 불안감의 악순환이다.

이런 상황에서 최근 의미 있는 움직임이 목격되고 있다. 돈 냄

새를 잘 맡는다는 고액자산가를 필두로 한 일부 개인투자자들이 아직은 낯선 새로운 유형의 투자자산에 선뜻 돈을 맡기거나 관심을 표명하고 있기 때문이다. 이른바 '주가연계증권'으로 불리는 역사 5년의 ELS에 대한 투자열기가 그렇다.

ELS는 투자원금의 대부분을 대표적인 안전자산인 채권에 묻어두고 극히 일부만 선물·옵션 등 파생상품에 투자해 수익을 추구하는 구조로 이뤄져 있다. 주식 직접투자는 물론 2007년부터 큰 인기를 모으고 있는 주식형펀드에 비해 원금손실 리스크는 크게 낮췄으면서 반대로 연간 10% 이상의 고수익을 거둘 수 있다는 장점이 특징적이다.

이런 인기를 반영하듯 시간이 갈수록 ELS 발행 또한 점점 늘고 있다. 일례로 2008년 상반기 ELS 월평균 발행액은 2조5,961억원으로 2007년 같은 기간의 2조1,325억원에 비해 21%나 증가했다. 2008년 들어 ELS가 투자자들에게 매력적인 투자대안으로 다가오고 있는 것은 약세장에서도 일정한 수준의 수익을 얻을 수 있다는 메리트 때문이다.

ELS의 핵심이라 할 수 있는 기초자산을 구성하는 주가지수나 개별종목의 가격이 일정수준 밑으로만 내려가지 않으면 정해진 수익률을 보장받을 수 있다는 점에 주목한 투자자들이 급증하고 있다는 반증이다. 이른바 하락장에서도 수익을 올릴 수 있다는 점이 투자 보릿고개를 보내고 있는 개인투자자들에게 어필하고 있다는 얘기다.

문제는 이처럼 ELS가 큰 인기를 얻고 있지만, 이 상품의 구조나 위험요소가 무엇인지에 대해 제대로 이해하고 투자하는 경우가 극히 적다는 사실이다. 잘 모르고 뛰어드니 부작용도 상당한 수준이다. ELS는 은행 예·적금과 같이 100% 원금보장이 되는 상품이 아니다. 극히 민감하게 받아들여야 할 만큼 리스크 수준이 높지 않을 뿐, 그래도 얼마든 원금손실 가능성이 존재하는 위험 금융자산이기 때문이다. 공짜점심은 없는 것이다.

다른 투자자산도 마찬가지겠지만, 특히 ELS만큼 투자에 앞서 살펴봐야 할 항목이 많은 상품도 없다. 이 책은 ELS의 상품구조와 개념, 관련용어 및 투자지표, 투자 시 체크포인트 등 투자자들이 실행에 앞서 한번쯤은 짚어봐야 할 점들을 주로 다뤘다. 너무 자주 쓰여 이젠 식상한 표현이 되긴 했지만, ELS 투자 때도 '지피지기면 백전불패' 라는 경구를 되새기자는 의미에서다.

ELS는 첨단 금융공학을 바탕으로 만들어진 상품이다. 따라서 일반투자자라면 어렵게 느낄 만한 용어나 개념이 많은 게 사실이다. 그래서 ELS에 처음 입문하는 초보투자자 입장에서 이해하기 쉽도록 최대한 눈높이를 낮춰 저술했다. 물론 이에 대한 판단은 독자 여러분의 몫이지만 말이다.

끝으로 부족한 지식을 바탕으로 쓴 졸고임에도 불구하고 출판을 허락한 맛있는책에 감사의 말씀을 전한다. 동시에 원고작성으로 인해 함께하는 시간이 줄었지만, 남편(아빠)의 첫 책이라며 격려를 아끼지 않아준 아내와 딸 수민이에게 감사의 마음을 전한다.

주성식
2008년 8월 다동에서

Contents

Prologue _ 알짜상품 ELS에도 '공짜점심은 없다' 4

○○○○○○○○○○○○○○○○○○○○○○○○○

1 한국입맛에 맞춘 투자 신기원 ELS

약세 · 조정장의 알짜자산 '떨어져도 원금사수 이상무!' 13

ELS가 뭐기에 '주식 · 채권 경계에 선 아이디어 자산' 18

원금+∂수익 추구 '채권 많을수록 원금보장 확실' 23

안정적 고수익 기대 '주가 떨어져도 맘껏 웃어라!' 29

수익은 배당소득 간주 '손해 보면 낼 세금 없어' 42

폭발적 인기몰이 '투자대안으로 우뚝 선 ELS' 47

2 ELS로 돈 버는 필승가이드 '이것만은 꼭!'

ELS 초보자를 위한 '간단 · 명쾌 투자안내문' 57

처음 가입할 때 체크해야 할 5가지 사항 67

ELS 투자 때 꼭 알아야 할 8가지 기본용어 74

ELS 성공투자를 위한 6가지 나침반 81

ELS에 대한 잘못된 상식 '바로 알아야 통(通)한다' 92

ELS 투자실패 방지법 '첫 단추는 최대한 신중하게' 99

3

미래투자의 선두주자
'ELS만 알면 재테크 끝!'

일상적인 구조진화 '살아 움직이는 ELS의 유연성' 107
신형ELS 봇물 '고객이 원할 때까지 변신하라!' 116
ELS 해외사례 '뒤지는 만큼 성장기회 무궁무진' 123
ELS 부각조건 '시장 안정될수록 인기확산 예감' 130
명품 ELS 선정기준 '재고 따지고 묻고 맞춰라!' 135
미래전망 'ELS가 뜰 수밖에 없는 여러 이유' 141

Epilogue _ 수익보단 위험··· '잔소리에 귀를 열어라' 150

PART I

한국입맛에 맞춘 투자 신기원 ELS

- 약세 · 조정장의 알짜자산 '떨어져도 원금사수 이상무!'
- ELS가 뭐기에 '주식 · 채권 경계에 선 아이디어 자산'
- 원금+∂수익 추구 '채권 많을수록 원금보장 확실'
- 안정적 고수익 기대 '주가 떨어져도 맘껏 웃어라!'
- 수익은 배당소득 간주 '손해 보면 낼 세금 없어'
- 폭발적 인기몰이 '투자대안으로 우뚝 선 ELS'

약세 · 조정장의 알짜자산
'떨어져도 원금사수 이상무'

최근 서브프라임 모기지 부실 등 미국발 악재로 인해 국제금융 시장이 불안해지면서 국내 주식시장의 변동성도 높아지고 있다. 주식시장은 따뜻한 부뚜막에 얌전히 누워 잠자는 고양이가 아니다. 부엌 안주인의 호통소리에 찬장 위로 뛰어오를지 아니면 부뚜막 아래로 뛰어내려 도망갈지 모르는 말썽쟁이 고양이 쪽에 더 가깝다.

2008년 들어 증시가 조정압박을 강하게 받고 있다. 하락했다 다시 원상복귀를 하는가 싶더니 어느새 또 조정을 받는 모습이

다. 한마디로 횡보장세요 게걸음장세다. 하지만 예측은 금물이
다. 주가란 움직이는 동물이다. 앞으로 더 떨어질 수도 있지만,
반대로 상상치 못할 수준까지 재차 폭등할 수도 있다. 더욱이 요
즘처럼 변동성이 높은 장에서 주가 움직임을 예측하기란 사실상
불가능에 가깝다.

우스갯소리처럼 들릴지는 모르겠지만 이처럼 주식시장의 변
동성이 높아질 때 제일 속편한 방법은 현금보유 비중을 늘려 은
행이나 저축은행의 예·적금, 증권사 또는 종금사의 종합자산관
리계좌(CMA)에 넣어두는 것이다. 그런데 이 방법도 따지고 보면
사실 그리 속편한 방법만은 아니다.

⬚ 속편한 투자법 없나 목하고민 중 'ELS가 뜨는 이유'

만약 현재의 약세 조정장이 어느 순간 언제 그랬냐는 듯 상승
장으로 분위기가 급반전해 다른 투자자들이 이익실현을 하는 모
습을 본다면 속이 편안할까. 그렇진 않을 것이다. 그동안 은행예
금, CMA 등에 돈을 묻어놓고 발 쭉 펴고 잠잔 대가(?)를 치러야
해서다. 적어도 배가 약간은 아픈 게 인지상정일 것 같다.

이 때문인지 ELS(주가연계증권)에 대한 투자자들의 관심도 그

어느 때보다 높아지고 있다. 특히 돈 냄새에 밝다는 고액자산가들에게 큰 인기를 모으고 있다. 주식이나 펀드는 주가(나 지수)가 상승해야만 수익을 낼 수 있지만, ELS는 일정부분까지 하락해도 최소한 원금을 보장받거나 혹은 추가수익을 낼 수 있는 상품이기 때문이다. 일정정도의 리스크를 감안하고 수익을 추구하는 투자자에게 안성맞춤이라 할 수 있다.

더욱이 최근엔 단순한 원금보장을 넘어 원금보장에 추가수익까지 가능한 상품이 출시되고 있다. 몇몇 ELS는 특정시점마다 수익을 누적시켜(Cliquet, 수익누적형) 원금보장형 ELS의 단점을 커버했다. 원금보장에 최고수익률을 연 15% 이상 제시하면서 방황하는 시중자금을 끌어들이고 있다. 비록 최고수익률을 달성하기가 쉽지 않은 상황일지언정 투자자의 입맛에 맞게끔 설계됐다는 점이 인기비결로 꼽힌다.

ELS는 최근에야 대중화의 길을 걷고 있다고 봐도 무방하다. 위험상품이라는 과거의 고정관념이 점차 사라지면서 최근 2~3년간 펼쳐진 호황장세에서 주목받기 시작했다. 물론 강세장 때는 높은 조기상환율을 자랑하는 고수익상품이란 인식이 강했다. 수익성이라는 ELS의 한 면만 지나치게 부각된 셈이다. 하지만 최근엔 원금보장이란 안정성도 강조되면서 성격이 조금 달라진 분위기다. 결국 약세장이든 강세장이든 특유의 안정성과 수익성이 절묘하게 결합된 신형 투자자산이란 공감대가 형성되고 있다는 의미다.

2007년 하반기부터 증시가 조정을 받고 있다. 가공할 만한 에너지로 주가지수 2000을 돌파하던 황소의 모습은 이제 증권가에서 사라졌다. 오히려 바닥을 짐작키 어려운 불황장세의 출현에 증시는 방향성까지 상실한 모습이다. 덩달아 ELS의 기초자산인 개별종목 주가는 단기간에 눈에 띄게 추락했다. 이는 ELS 입장에선 오히려 기회다. 가격이 싸진 만큼 추구할 수 있는 수익규모가 커지기 때문이다.

안정성에 수익성까지 '설계 따라 ELS식 맞춤투자 척척'

하지만 반드시 명심할 게 있다. ELS는 어쨌든 투자자산이다. 예·적금처럼 안전자산이 아닌 펀드·직접투자(주식)처럼 위험자산에 가깝다. 원금손실 가능성이 상존한다는 의미다. 파는 금융기관 입장에선 최대 20~30%의 목표수익률을 제시할 수는 있지만, 이를 반드시 달성해야 할 의무는 없다. 오히려 기대수익이 높은 만큼 위험부담도 높다는 점을 인식하는 게 옳다.

특히 원금보장인지 비보장인지 뚜렷이 명기되지 않은 ELS가 많아 유의할 필요가 있다. 원금보장이라 해도 중도상환 땐 환매수수료를 내야 한다. 따라서 손절매가 필요하다면 중간에 조기상환 기회가 올 때를 잘 활용하는 게 좋다. 자칫 조기상환 조건이 충족되지 않을 경우 만기까지 보유할 수밖에 없다는 점은 환금성을 저해하는 불안요소다. 상품구조에 대한 명확한 이해가 필요한 이유다.

중요한 건 앞으로의 투자기회다. 장이 멈췄다고 투자까지 쉴 연유는 없다. 잠깐씩이라면 '쉬는 것도 투자'겠지만, 불확실성이 난무하는 시대를 살아가자면 끊임없는 투자는 피할 수 없는 대세다. 이런 차원에서 ELS에 대한 관심은 필수불가결하다 할 수 있다. 아직은 초기시장이라 기회도 많다.

물론 인기만큼 종류가 다양하지 않은 게 흠이라면 흠이다. 하지만 시간이 갈수록 상품구조가 다양해지면서 이 같은 우려는 일정부분 해소되고 있다. 포트폴리오 관리차원에서라도 ELS에 대한 지속적인 관심은 필요해 보인다.

ELS가 뭐기에 '주식·채권 경계에 선 아이디어 자산'

그렇다면 도대체 ELS가 뭘까.

일반인이라면 도통 이해하기 어려운 이름이다. 마치 암호처럼 들리는 ELS는 그렇잖아도 전문용어에 이리치고 저리치는 아마추 어들에게 생소하기 짝이 없는 단어다.

사촌정도로 비유되는 ELD니 ELF도 있어 헷갈려하는 투자자가 수두룩하다. 하지만 상품구조만 잘 이해하면 새로운 차원의 맞춤 형 투자지평이 열릴 수도 있다는 점에서 누구든 관심을 갖고 챙 겨볼 필요가 있다.

ELS(Equity Linked Securities)란 기초자산인 주가지수나 개별종목 주가변동에 연동돼 만기수익이 지급되는 유가증권이다. '주가연계증권'이라고도 한다. 증권사에서 발행해 판매하는 상품이다.

ELS 투자자는 발행회사인 증권사의 운용성과와는 무관하게 주가지수 또는 개별종목 주가 움직임에 따라 사전에 약정된 수익률을 얻게 된다. 즉 ELS는 투자자의 뜻대로 원금보장 수준과 목표수익률, 투자기간 등을 시장상황에 따라 결정할 수 있는 새로운 차원의 투자수단이라 할 수 있다.

증권사에서 가입가능 '최소자금 100만원의 청약상품'

흔히 ELS는 기초자산(주가)이 어느 정도 하락해도 투자원본 손실이 없다는 점에서 막연하게 중위험 · 중수익 수준의 투자자산으로 알려져 있다. 하지만 최근 들어서는 일부 기초자산의 주가 하락으로 투자위험도 급증하고 있어 ELS가 더 이상 위험이 크지 않은 상품이라고 단정할 수 없는 금융상품이기도 하다.

즉 주가가 크게 하락하는 경우에는 ELS 투자자가 주가하락에 따른 손실을 전부 부담하게 돼 거액의 손실을 입을 수도 있다. 또

ELS의 구조에 따라서는 주가가 크게 하락하지 않아도 거액의 원금손실이 발생할 수 있다.

한마디로 손실이 발생하는 경우 손절매나 물타기 등 효율적인 손실 방어수단이 미흡한 금융상품이기도 하다. 이런 점에서 수익에 대한 기대만큼 위험에 대한 사전인식도 충분히 전제될 필요가 있다.

ELS가 처음 도입된 2003년 초창기에는 주가가 상승(하락)할 때 이익(손실)이 발생하는 원금보장형 상승형 ELS가 주류를 이뤘다. 하지만 2004년 이후부터는 원금비보장 ELS가 주로 발행되고 있다. 또 초창기에는 ELS가 주로 공모(일반인 상대로 모집·판매) 위주로 발행됐으나 최근엔 자산운용사, 공제회 및 상장기업을 상대로 한 사모(특정상대에게만 모집·판매)방식의 맞춤형 상품이 다수를 이루고 있다.

ELS 가입은 증권사를 통해 할 수 있다. 주식회사가 상장을 위해 증권사를 통해 일반공모를 실시하는 것처럼 ELS 가입 또한 일반투자자들을 대상으로 청약을 받아 청약경쟁률에 따른 안분비례 배분방식을 띈다. 보통 최소청약금은 100만원 이상이다. 청약단위는 1만원의 정배수다.

✎ ✦ ✐ ELS와 ELD, ELF는 형제?

ELD는 100% 원금보장…
'ELF는 ELS에 투자하는 펀드'

ELS와 구조가 비슷한 상품으로 주가연계예금(ELD, Equity Linked Deposit)과 주가연계펀드(ELF, Equity Linked Fund)가 있다. ELS와 ELD, ELF는 비슷한 명칭만큼이나 상품성격도 유사한 점이 많다. 상품가격이 대체로 주가와 연결돼 움직이고, 정해진 시점의 상품가격이 기준을 만족시키면 약속된 수익을 받을 수 있다. 자산 대부분을 채권에 투자하고, 일부만 주식 등에 투자하는 원리도 비슷하다. 특히 ELF는 ELS에 투자하는 펀드이기 때문에 ELS와 마치 한 몸처럼 움직인다.

그러나 ELS는 증권사, ELD는 은행, ELF는 자산운용사가 발행한다는 점에서 차이가 난다. ELS와 ELD는 발행사가 판매할 수도 있지만, ELF의 경우에는 발행하는 기관과 판매사가 다르다. ELF의 발행은 자산운용사가 하지만, 판매는 은행이나 증권사가 담당한다. 일반 펀드와 방식이 유사하다.

ELD는 주가지수의 변동에 연계해 수익이 결정되는 은행판매 예금상품이다. 은행에서 예금 형식으로 발행하는 ELS라고 할 수 있다. 투자자가 가입한 은행예금액의 대부분을 안전한 채권에 투자하고 나머지는 주가지수 등에 투자해 수익을 낸다.

개별주식이나 주가지수의 변동과 연계해 수익을 발생시키는 운용구조는 ELS와 거의 비슷하다. 하지만 일반적으로 원금보장형이고, 동시에 상품다양성은 낮은 편이다. ELS는 원금보전이 안 되는 상품이 많은데 비해 ELD는 100% 원금이 보전된다. 최악의 경우라도 예금자보호법에 의해 원리금이 최대 5,000만원까지 보장된다.

ELF는 주가지수의 변동과 연계해 수익이 결정되는 투자신탁 상품이다. 한마디로 ELS에 투자하는 펀드라고 보면 된다. 다시 말해 자산운용사가 ELS를 펀드에 편입시켜 운용하는 상품이기 때문에 상품의 기본 수익구조는 ELS와 큰 차이가 없다.

투자자산의 대부분을 채권으로 운용하면서 여기에서 발생하는 이자를 ELS에 투자한다. 채권 등에 투자해 원금(또는 원금의 상당부분)보존을 추구하고 ELS 투자로 주가지수 변동에 따른 추가수익을 추구하는 식이다. 발행사와 판매사가 동일한 ELS, ELD와 달리 ELF는 자산운용사가 발행을 하지만, 가입은 은행과 증권사를 통해 할 수 있다.

☑ ELS 유사상품과의 비교

구분	투자대상	발행(판매)기관	특징	원금보장
ELS(주가 연계 증권)	채권, 주식, 파생상품	증권사 (증권사)	목표주가에 도달하면 원금과 수익률 조기상환	원금보장 안됨
ELF(주가 연계펀드)	ELS	자산운용사 (은행, 증권사 등)		
ELD(주가 연계예금)	정기예금, 파생상품	은행 (은행)	KOSPI200 등 주가지수에 연계해 정기금리 이상의 추가수익 기대	만기 5,000만원 까지 보장

원금+∂수익 추구
'채권 많을수록 원금보장 확실'

지금부터 ELS의 기본원리를 살펴보자.

ELS는 주식과 채권의 경계선상에 있는 신종 유가증권이다. 기본적인 설계구조는 안전자산인 채권과 위험자산인 주식관련 파생상품으로 이뤄진다. 즉 채권을 통해 원금보장을 추구하고 파생상품을 통해 주가상승 또는 하락 등의 다양한 기회를 수익으로 확보하는 구조를 띤다.

가령 1,000만원의 자금이 있다고 하자. 이를 연 5% 이율의 채권에 투자하고 1년 뒤 50만원의 수익이 나온다는 확실한(?) 가정

하에 여윳돈 50만원을 옵션이나 선물처럼 파생상품에 투자하는 게 ELS의 가장 기본적인 구조라 할 수 있다.

1,000만원의 원본은 그대로 유지한 채 채권 등으로 얻을 수 있는 수익으로 옵션이나 선물 등 파생상품에 투자하기 때문에 잘 되면 높은 추가수익을 얻을 수 있다. 물론 최악의 경우가 펼쳐져 채권이자를 모두 날려도 원금 1,000만원만큼은 그대로 보전할 수 있게 된다. 투자자로서는 확실한 안전판을 확보한 채 원본 이외의 돈으로 추가수익을 꾀한다는 점에서 일석이조의 상품일 수 있다.

〰 확정수익으로 파생투자 '최악상황 펼쳐져도 원금은 보장'

이처럼 ELS는 투자원금 중 일부는 우량채에 투자하고, 여기서 얻어지는 이자와 채권투자 원금을 합해 상품에 가입할 때 약정한 보장수준에 따라 원금 혹은 원금의 일부를 보장하게 된다. 투자 원금의 나머지 부분은 선물 또는 옵션거래 등을 통해 기초자산의 수익률에 연동해 초과수익을 확보한다.

ELS는 만기 때 원금보장 정도에 따라 보유자산의 비중이 달라질 수 있다. 원금보장 수준이 높을수록 채권비중이 커지고, 옵션

비중은 작아지게 된다. 따라서 옵션비중이 커질수록 기대수익률을 높게 할 수 있는 레버리지 효과를 기대할 수 있다. 반면 채권비중이 커질수록 원금보장을 추구하는 안정성을 한층 높일 수 있다.

2007년 한해 상환된 ELS 3,075개의 평균 연간수익률은 11.55%였다. 만기는 대부분 1~3년이다. 옵션종류와 포지션에 따라 ELS의 종류는 무궁무진하다. 이론적으로 얼마든 신형상품이 쏟아질 수 있기 때문이다.

하지만 크게는 두 가지로 압축된다. 투자자들의 주요관심사인 원금사수 여부에 따라 둘로 갈린다. 우선 원금보장형이다. 투자원금의 대부분을 우량채에 투자하고, 일부만 옵션 투자 재원으로 사용한다. 우량채에 투자한 원금과 이자를 합산해 사전에 제시한 수준의 원금을 보장하게 된다.

반대로 원금을 보장하지 않는 고위험 ELS도 급증세다. 이른바 '원금비보장형'이다. 시간이 갈수록 원금비보장형 ELS가 시장의 절대다수를 점하는 분위기다. 이 경우 투자원금 중 일정부분을 기초자산에 직접 투자하며, 나머지 부분은 채권에 투자한다. 손실이 날 수 있어 원금을 보장해주진 못하지만, 그만큼 기대수익을 높일 수 있다는 장점이 있다. 공격적 투자자에게 어울리는 ELS다.

ELS의 기초자산은 매우 다양하다. 가장 먼저 꼽을 수 있는 것은 주가지수(KOSPI200지수)다. 지수등락에 관계없이 안정적인 수익을 얻을 수 있는 상품은 물론 주가하락으로 반등 기대가 높아지자 조기상환을 노린 상품까지 최근 다양한 상품이 출시되고 있다.

또 KOSPI200지수에 연계된 상품뿐만 아니라 삼성전자나 포스코, 하이닉스반도체 등과 같이 시가총액 상위기업의 주식 개별종목을 기초자산으로 한 상품들도 인기를 끌고 있다. 상품에 따라서는 1개 기초자산이 아닌 2~5개의 기초자산으로 수익구조를 구성하는 상품도 발행돼 투자자들의 선택 폭을 넓혀주고 있다.

◠ 원금비보장형 ELS 급증세 '기초자산은 무궁무진'

최근 들어서는 국내자산뿐만 아니라 해외지수 또는 해외종목을 기초자산으로 하는 상품도 등장했다. 일본의 NIKKEI225지수, 일본리츠지수(TSE REIT), 홍콩항셍지수(HSCEI) 등 해외증시 관련 인덱스지수를 기초로 한 ELS 발행도 급증하는 추세다. 부산은행이 2006년 판매했던 '3 Index ELS 파생상품투자신탁'은 한국, 일본, 홍콩의 주가지수인 KOSPI200, NIKKEI225, HSCEI 지수를 기초자산으로 만들어진 대표적인 상품이다.

또 한국투자증권은 2008년 3월 업계 최초로 브라질 상장지수 펀드(ETF)에 연계된 ELS 상품을 출시하기도 했다. 이 상품은 미국 뉴욕증시에 상장된 ETF인 'iShares MSCI 브라질'을 기초자산으로 해 MSCI 브라질 지수 상승률에 따라 수익을 얻을 수 있도록 설계됐다.

ELS 투자에 있어 가장 중요한 것은 기초자산이 무엇이냐 하는 것이다. 동시에 기초자산이 어떻게 될지 예측하는 것 또한 중요하다.

실제로 주식(직접)투자는 종목등락이 있더라도 최종적으로 매

☑ ELS의 상품구조

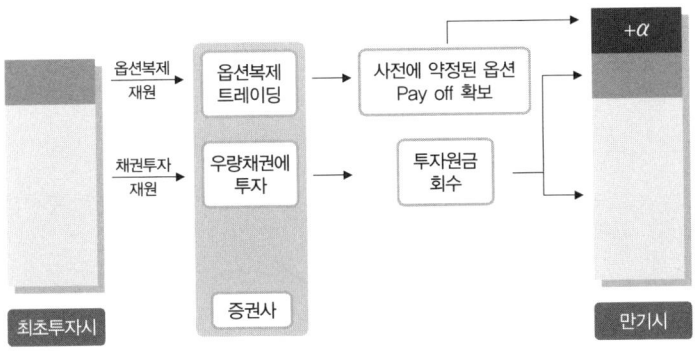

• 자료 : 대우증권

매이익을 보고 팔면 그만이지만, ELS는 일정기간, 일정조건 안에서 기초자산 가격이 움직여야 하기 때문에 어쩌면 주식투자보다 더 어렵다고 할 수 있다.

일단 ELS 상품을 고를 때에는 해당조건을 만족할 수 있을까를 고민하지 말고, 해당조건을 만족하지 못하는 것이 무엇인가를 확인하고 그 가능성에 대해서 검토하는 게 먼저다. 보수적인 접근이지만, 가장 현실적이고 효율적인 방법이기 때문이다.

안정적 고수익 기대
'주가 떨어져도 맘껏 웃어라!'

ELS의 특징은 몇 가지로 요약된다.

우선 뛰어난 안정성이다. 주가하락 시에도 원금보장이 될 수 있도록 상품설계가 가능하다는 게 가장 큰 특징이다. 원금보장이 안 되는 공격적인 ELS도 일정수준의 주가하락까지 원금을 보장하는 상품이 구성될 수 있다. 따라서 높은 수익률을 추구하면서 동시에 투자위험은 감소 혹은 한정시킬 수 있다.

다양한 상품구성도 장점 중 하나다. 기초자산 실적과 연계해 초과수익의 향유가 얼마든 가능하다. ELS는 원금보장 정도(100%

원금보장, 90% 원금보장, 비보장 등)에 따라, 옵션종류에 따라, 투자 기간에 따라 매우 다양한 구조를 만들 수 있다. 시장상황에 따른 탄력적인 상품구성이 가능하다는 의미다.

불확실성이 낮다는 점에서 확정성도 메리트다. 그러면서도 높은 수익을 기대할 수 있다. 즉 주가지수 움직임에 따라 사전에 약정된 수익률을 확보할 수 있다는 의미다. 다양한 상품구성 기능이 있어 상품구조에 따라 주가상승은 물론 하락 시에도 고수익을 기대할 수 있기 때문이다.

⌇ 보장정도 · 옵션종류 · 투자기간별 탄력적 상품구성 가능

ELS의 종류는 매우 다양하다.

대표적인 것으로는 두 기초자산의 주가등락을 기준으로 수익을 지급하는 투스타(Two-Star) 방식, 주가가 일정수준 이상 하락하지 않으면 수익이 발생하는 다운 배리어(Down Barrier) 방식, 주가가 일정수준 이상 상승하지 않으면 수익이 발생하는 탑 배리어(Top Barrier) 방식, 조기상환 조건이 뒤로 갈수록 낮아지는 스텝 다운(Step Down) 방식 등이 있다.

최근 들어서는 시간이 지날수록 조기상환 조건이 투자자에게 유리해지는 스텝다운 방식이 ELS 상품의 주류를 이루는 추세다.

● 녹아웃(Knock-out)형

주가가 너무 크게 오르지만 않으면 상승률에 비례해 수익을 얻는 상품이 녹아웃형이다. 국내에서 발행되는 ELS의 대부분이 녹아웃형이다. 투자기간 중 한번이라도 미리 정해놓은 주가수준에 도달하면 확정수익을 지급하는 구조를 갖고 있다.

주가지수가 상승함에 따라 일정부분 수익이 늘어나지만 일정

☑ 녹아웃형

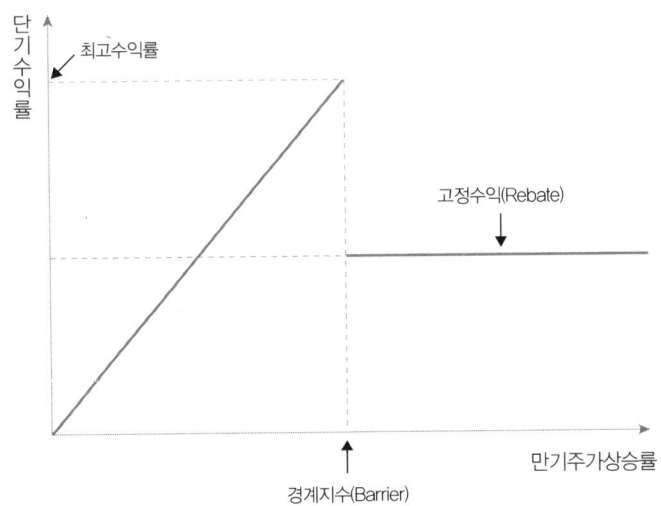

수준 이상 상승하면 이후 주가상승이나 하락여부와 상관없이 사전에 약정한 수익을 지급하는 상품이다. 앞으로 주가가 어느 정도 상승할 것이라고 예측하는 경우에 적합하다.

투자기간 중 주가지수가 정해진 수준까지 상승한 적이 없는 경우 만기시점의 지수상승률에 따라 수익률이 결정된다. 투자기간 중 한 번이라도 그 이상 상승한 경우 계약당시 확정된 수익을 보장한다. 원금보존을 추구하는 상품은 일반적으로 만기 1년 미만 상품이 주종을 이루고 있다.

상승 녹아웃형 ELS는 만기시점까지 기초자산 가격이 미리 정해진 배리어를 벗어나지 않으면 기초자산의 상승에 비례해 수익률을 제공한다. 하지만 기초자산이 배리어를 벗어나 큰 폭으로 상승하면 오히려 수익률이 실제 상승률보다 더 낮은 수준으로 떨어진다.

상품에 따라 기초자산 가격이 큰 폭으로 올라 배리어를 넘어설 경우 원금만 돌려주거나 일정수준 이상 떨어질 경우 원금에서 손실이 발생하기도 한다. 녹아웃형은 이처럼 상승 외에 하락 또는 양방향 구조로 설계될 수도 있다.

● 불스프레드(Bull Spread)형
만기시점에 기초자산 상승률에 따라 수익률이 정해진다는 점에서 녹아웃형과 유사하다. 하지만 기초자산 가격이 미리 정해진 임계치를 벗어나면 수익률이 낮아지는 녹아웃형과 달리 불스프레드형은 최대이익률이 보장된다는 점에서 차이가 난다.

불스프레드형 ELS는 만기시점 주가상승에 비례해 수익이 확보되는 상품으로 최대 상승한도는 가입 시 결정한다. 주가지수가 상승함에 따라 일정범위 내에서는 수익이 늘어나지만 주가지수 상승에 비례해 수익이 늘어나는 범위가 정해져 있고, 그 이상 상승할 경우 제공하는 수익이 고정된다. 만기시점의 주가지수 상승

☑ 불스프레드형

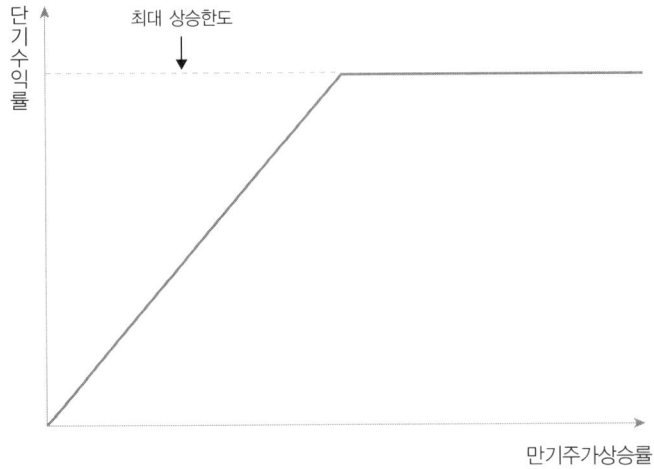

률이 정해 놓은 수준 이상이면 계약한 금리를 지급하며, 정한 수준 이하이면 주가 상승분의 일부를 금리로 지급한다.

녹아웃형 ELS와 마찬가지로 주가가 어느 정도 상승할 것이라고 예측하는 경우에 적합하며 일반적으로 원금보존을 추구한다. 역시 만기 1년 미만 상품이 주종을 이루고 있다. 녹아웃형 ELS와 다른 점은 주가가 투자기간 중에 상승하더라도 만기에 다시 하락하면 그동안 주가가 상승한 것이 아무런 효과가 없다는 점이다.

불스프레드형 ELS는 대개 기초자산이 큰 폭으로 떨어져도 일정수준에서 손실이 제한되고, 크게 올라도 얻을 수 있는 수익이 제한되는 형태로 설계된다.

일정범위 내에서 기초자산의 움직임에 연동해 수익을 얻는 한편 급락에 따른 손실위험을 줄이는 대신 급등이 나타났을 때의 고수익을 일정부분 반납하는 셈이다.

● 디지털(Digital)형

0과 1의 두 가지 숫자만 이용하는 디지털 언어처럼 기초자산 가격이 행사가격보다 낮으면 원금만 보장되거나 일정부분 손실이 발생하고, 높으면 일정규모의 수익률이 발생하는 구조의 상품이다.

☑ 디지털형

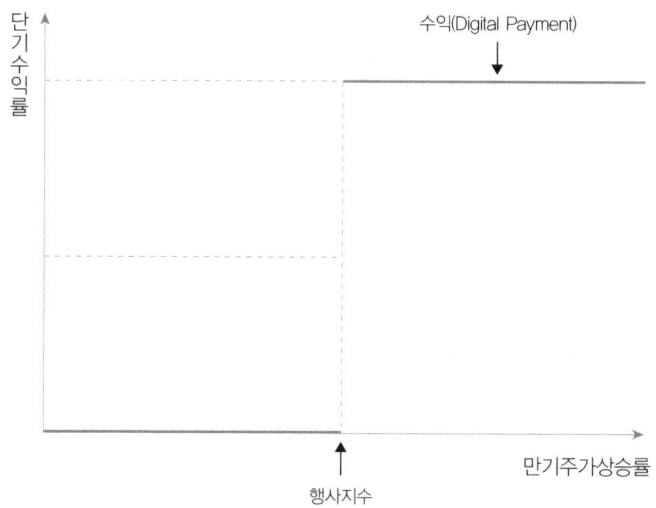

미리 정해 놓은 주가수준 이상이면 일정수익을 지급하는 구조로 만기시점 지수에 의해서만 수익률이 결정된다. 만기시점의 주가지수가 기준지수보다 같거나 높으면 미리 계약한 금리를 지급하고 기준지수보다 낮으면 원금만 지급한다. 이익참가율은 없다. 디지털형 ELS에는 녹아웃형이나 불스프레드형과 같이 기초자산 가격에 수익률이 연동되는 '중간구간' 이 없는 셈이다. 만기 1년 미만 상품이 주종이다.

디지털형을 변형한 것이 스텝업 또는 스텝다운형 ELS다. 이들은 수익률이 결정되는 행사가격이 두 개 이상이다. 따라서 기대할 수 있는 수익률이 두 가지 이상이며, 이른바 '중간구간' 이 없기는 원래의 디지털형과 마찬가지다.

● 스텝다운(Step-down)형

2007년 8월 전 세계 금융시장을 강타한 서브프라임 모기지 부실사태처럼 초대형 변수로 인해 주가가 급락하는 경우만 아니라면 고수익이 확정되면서 조기상환이 가능한 상품을 스텝다운형이라 부른다. 발행 후 3~6개월마다 중간평가를 통해 조기상환 기

☑ 스텝다운형

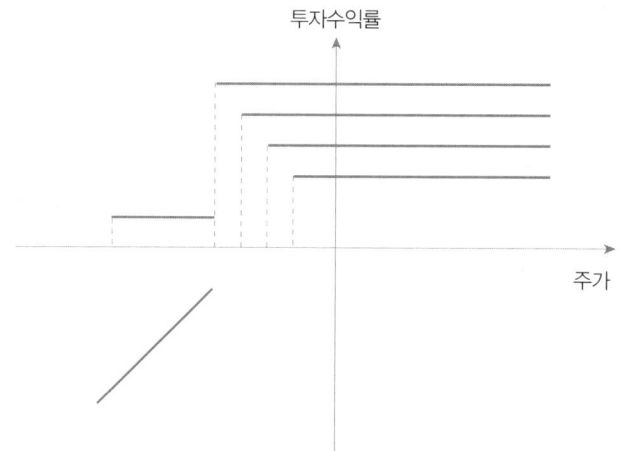

회가 주어지는데, 상환문턱이 계단을 내려가듯 낮아진다고 해서 붙여진 이름이다.

● 리버스 컨버터블(Reverse-convertible)형

주가지수의 상승 및 하락범위를 정해 놓고 만기 시 주가가 이 조건을 만족하면 정해진 수익을 보장하는 상품이다. 주가가 미리 정해놓은 하락폭 이하로만 하락하지 않는다면 주가지수가 일정 부분 하락해도 약속한 금리를 지급한다. 만기까지 주가가 조금

☑ 리버스 컨버터블형

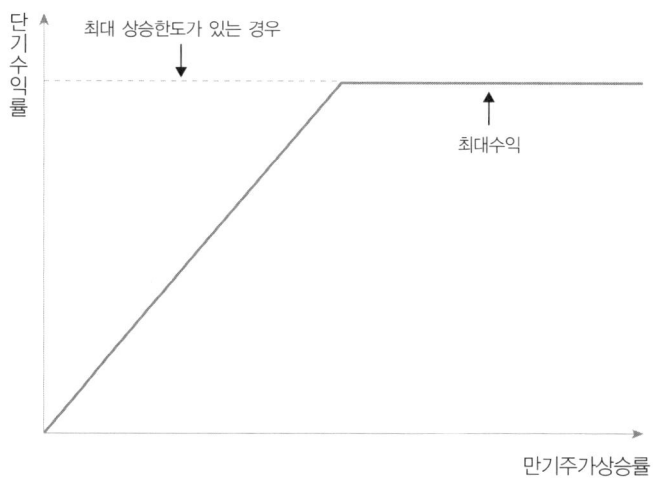

하락하거나 큰 변화가 없을 것으로 전망되는 경우 적합한 상품이다. 일반적으로 원금보존을 추구한다. 역시 만기 1년 미만 상품이 대부분이다.

● 조기상환형

지수 또는 여러 개의 개별종목을 기초자산으로 하는 원금비보장 상품이다. 복수의 개별종목 주가가 모두 일정 주가수준 이상이면 정해진 기간별로 조기상환이 이뤄져 수익을 얻는 구조다. 조기상환형은 보통 두 개의 주식을 기초자산으로 하며 투자기간

☑ 조기상환형

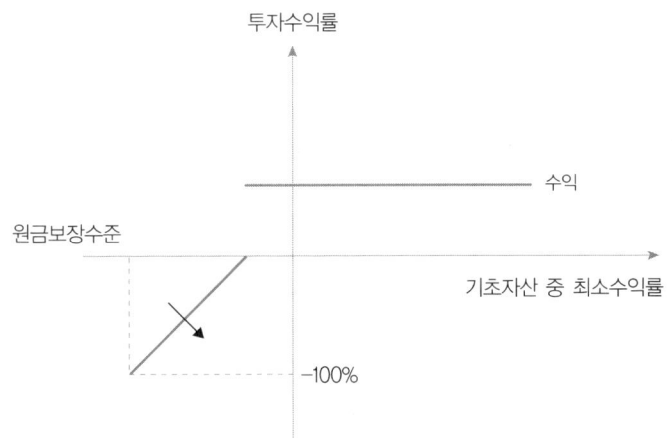

은 대개 2~3년이 일반적이다.

하지만 조기상환형은 일정기간마다 평가해 조기상환을 통해 수익지급을 높일 수는 있지만, 만기시점까지 조기상환이 안되면 원금손실을 볼 수 있는 위험도 있다. 조기상환형 ELS는 6개월마다 두 주식 모두 최초 설정시점의 가격과 비교해 80% 이상의 가격이 유지되면 투자자에게 연리 8~10%의 약정수익률을 지급하고 종료된다.

만일 최초 6개월이 경과한 시점에서 어느 한 종목이라도 80% 이하로 떨어진다면 조기상환하지 않고 다음 6개월로 자동연장이 가능하다. 하지만 만기 때까지도 80% 이하인 상태가 유지된다면 원금손실이 불가피하다.

조기상환형은 두 종목에 투자하지만 분산투자의 성격이 아닌 수익률이 안 좋은 종목을 기준으로 수익률이 결정되기 때문에 위험도는 일반상품보다 높은 편이다. 최근에는 기초자산의 수를 세 개 이상으로 하는 조기상환형 상품까지 출시되고 있다. 투자기간을 2년으로 단축한 형태도 선을 보이고 있다.

● 주식형

주가하락 시 일정수준까지 원금을 보장받으면서 주가상승분에 따른 수익을 받을 수 있는 상품이다. 중도환매가 자유로운 구

☑ 주식형

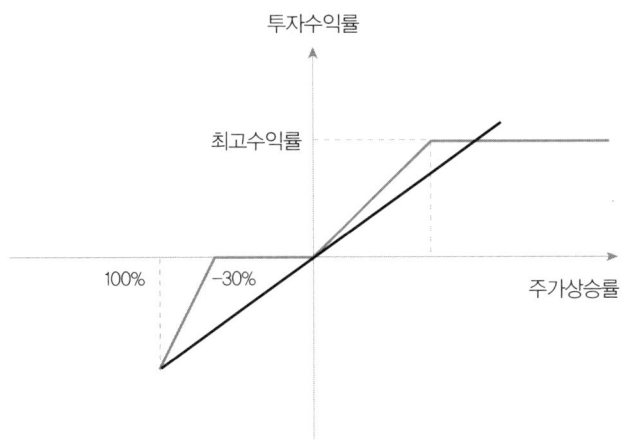

☑ 양방향 녹아웃형

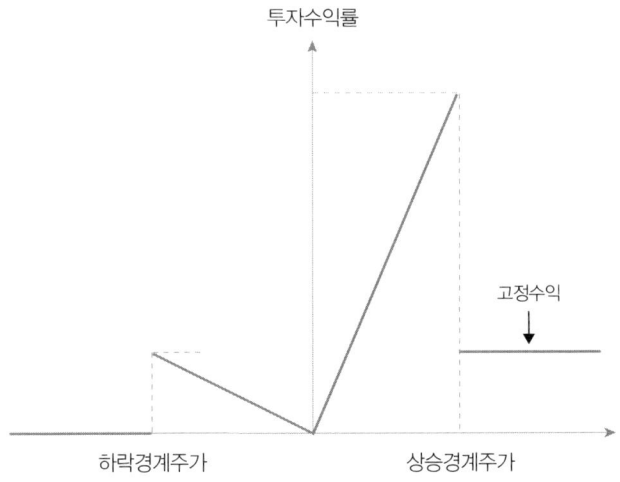

조로 돼있다. 원금보장이 안 된다는 게 단점이라면 단점이다.

● 양방향 녹아웃형

투자기간 중 한번이라도 미리 정해놓은 주가수준에 도달하면 확정수익을 받을 수 있는 상품이다. 주가가 상승하든 하락하든 수익이 발생할 수 있는 구조다. 만기 1년 미만 상품이 일반적이다.

수익은 배당소득 간주
'손해 보면 낼 세금 없어'

　　ELS의 기준가격 산정은 어떻게 이뤄질까.

　　우리나라의 전문 채권평가사(KIS채권평가사, 한국채권평가사)가 가장 최근 시장데이터(시장금리, 기초자산의 종가와 변동성 등)를 기초로 고유의 평가모델을 통해 공정하게 산정한 가격을 ELS 기준가격으로 사용하고 있다. 단 채권평가사별로 모델이 약간씩 달라 평가금액이 조금씩 다를 수 있다.

　　기준가격은 평가시점의 기초자산 가격, 시중금리, 기초자산 가격변동성, 기초자산 배당률, 관련 선물·옵션 가격, 만기까지의 잔존기간 등을 주요 가격결정 요인으로 해 증권사의 평가모델에 따라 산출된다. 특히 가장 중요한 요소는 기초자산 가격변동성이다. 기초자산 가격이 상승해도 변동성이 감소할 때 ELS 평가가격은 다른 움직임을 보일 수 있으니 유념해야 한다.

그렇다면 세금문제는 어떨까. ELS의 과세는 원금 초과부분에만 적용되며 원금보다 적게 돌려받는 경우 세금은 없다.

ELS에서 발생하는 소득은 배당소득으로 간주된다. 만기 또는 중도상환 때 원천징수가 적용된다. ELS는 별도펀드로 분리되지 않고 주식, 선물, 옵션 등의 양도손익 등이 구분해 계리되지 않으므로 발생수익 전액에 대해 과세된다.

〰️ 자본이득은 비과세 '만기세금은 16.5%'

다만 투자자간 중도매매로 인해 발생하는 차익의 경우에는 '자본이득(중도매매 때 시세차익)'으로 간주해 과세되지 않는다. 물론 발행사에 매도하는 중도상환의 경우에 발생하는 양도차익은 '배당소득'으로 간주해 과세된다.

중도매입 시에는 '만기상환금액-최초설정가액'이 과세대상이 된다. 과표가 '만기상환금액-중도매입가격'이 아니라는 걸

조심해야 한다.

예를 들어 최초 설정가액이 1만원인 ELS를 만기이전에 1만 1,500원에 매입해 만기 때 1만1,000원이 됐을 경우 과표는 '1만 1,000원-1만1,500원'이 아닌 '1만1,000원-1만원'이 된다. 즉 중도매입의 경우 실제수익이 발생하지 않은 경우에도 세금이 부과될 수 있다는 의미로 해석하는 게 바람직하다.

만기상환의 경우에는 발생수익에 대해 전액 과세된다. 적용되는 세율은 배당소득세 15%와 주민세 1.5%를 합한 16.5%다. 개인의 경우 회사가 세금을 원천징수한다.

비과세생계형저축(38계좌) 매수 때는 완전 비과세이고, 세금우대종합저축(60계좌) 매수 때는 입금일로부터 출금일까지 만 1년이 경과하면 세금우대 혜택(이자소득세 9%, 농어촌특별세 0.5%)을 받을 수 있다. 세금우대종합저축계좌의 경우 입금일로부터 6개월 만에 중도상환이 확정된 이후 타 ELS나 금융상품을 매수해 총 1년이 지나 출금하면 세금우대 혜택을 받을 수 있다.

법인의 경우는 원천징수하지 않고 회계연도 말에 법인이 법인세를 신고할 때 배당소득으로 신고해 법인 자체적으로 세금을 내게 된다.

⬥●⬥ ELS 수익은 어떻게 확정되나

조기상환 조건 따라 수익구조 달라…
조건 벗어나면 손실확률 상존

ELS가 어떤 형태로 수익을 확정짓는지 살펴보자. 만기 3년에 5차례의 조기상환 기회가 있으며 '원금손실위험 발생 배리어'가 최초주가의 60%고, 최초주가의 85% 이상일 경우 수익이 확정되는

☑ ELS 수익구조

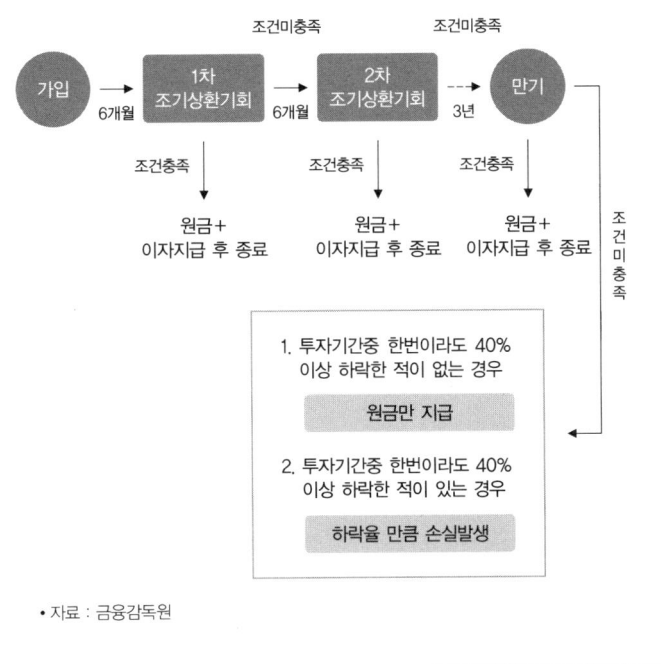

• 자료 : 금융감독원

ELS가 있다고 하자.

주가가 상승해 중간평가일의 주가가 최초주가의 85% 이상이면 수익이 확정되며 조기상환이 이뤄진다. 하지만 주가가 하락하면 조기상환은 되지 않고 만기까지 이월된다. 이 경우 주가가 중간에 '원금손실위험발생 배리어(일반적으로는 발행당시 주가의 50~70% 수준)' 이하로 하락한 적이 있으면 원금손실을 볼 수도 있다.

즉 주가가 재상승해 만기주가가 최초주가의 60% 이상일 경우에는 수익이 발생하기도 하나 만기주가가 최초주가의 60% 미만이면 '투자원금×(1-만기주가/최초주가)' 만큼 원금손실이 발생하는 것이다.

폭발적 인기몰이
'투자대안으로 우뚝 선 ELS'

우리나라에 ELS가 처음 도입된 시기는 2003년 2월이다. 증권거래법 시행령에 따라 처음 상품화됐다. ELS시장이 개시된 2003년 3조4,000억원(170건)에 불과했던 ELS 발행금액은 해마다 증가해 2007년 25조4,000억원(4,645건)으로 무려 747%나 증가했다.

특히 2007년 ELS 발행실적은 경쟁상품이라 할 수 있는 주식형 펀드의 약진과 해외펀드의 돌풍 속에서 기록한 모집금액이라 더더욱 의미가 남다르다. 2007년 발행액 중 판매방식별 비중은 공모방식 28%, 사모방식 72%로 구성됐다. 공모상품 판매가 더 많았던 초창기에 비해 시간이 갈수록 사모형태의 맞춤형 상품비중이 높아지고 있는 것은 눈에 띄는 대목이 아닐 수 없다.

또 지수 상승세에 힘입어 조기상환도 활발히 이뤄졌다. 해외펀드 열풍에 발맞춰 등장한 글로벌 ELS도 최근의 특징적 모습이다. 2003년 제도도입 이후 본격적으로 대중화되기 시작한 2005년 이전까지만 해도 ELS는 위험상품이라는 인식이 많았다. 치고 빠지기에 익숙한 공격적인 투자성향을 가진 투자자가 아니면 그다지 관심을 두지 않았다. 투자규모나 비중도 '그들만의 상품'임을 증명했다.

〰️ 최근 위험상품 인식 벗고 '안정적 고수익상품으로 변신'

하지만 최근 2~3년 새 ELS를 둘러싼 관심과 몸값은 현저하게 수직 상승했다. 호황장세가 비교적 계속되면서 가장 큰 메리트 중 하나인 조기상환률이 높게 나타난 덕분이다. 만기까지 들고 갈 필요도 없이 중간에 확정수익을 얻는다는 건 투자자를 유혹하기에 충분한 메리트였다.

이후 새로운 유형의 ELS가 다양하게 등장하면서 위험자산이란 틀에 박힌 고정관념도 깨지기 시작했다. 지금은 비교적 안정적이면서 동시에 고수익을 추구할 수 있는 명품자산으로 자리매김하고 있다. 위험과 수익의 적절한 비중조절을 통해 투자자들마다 입맛에 맞는 ELS를 살 수 있게 됐기 때문이다.

한편 ELS 발행·자산규모가 꾸준히 늘고 있는 것과 마찬가지로 ELS펀드 즉, ELF 역시 지속적으로 증가하는 모습이다. 펀드평가사 제로인의 자료에 따르면 2008년 3월10일 현재 총 808개 펀드에 설정액은 8조6,828억원에 달한다. 이는 2007년 말 대비 펀드숫자는 76개, 설정액 기준으로는 6,391억원이 증가한 수치다.

그렇다면 ELS의 투자수익률과 원금손실 현황은 어떨까.

2007년 ELS의 연평균 수익률은 9.9%다. 전년도인 2006년 11.7%보다 다소 감소했다. 이는 일부 ELS의 원금손실이 연평균 수익률에 마이너스(−)로 작용한데 기인한 것으로 분석된다. 2003~07년 말까지 발행된 전체 ELS 1만426종목(71조5,000억원) 중 2007년 말 현재 원금손실 ELS는 265종목(1조4,500억원)으로 집계된다. 손실액은 총 5,569억원에 이른다.

ELS의 투자수익률은 2005년 평균수익률이 연 9.4%, 2006년 연 11.7%로 유사상품인 ELD의 수익률보다 높은 상태를 보였다. 2003년 초부터 2007년 5월말까지 상환된 ELS의 경우 전체

5,383종목(40조9,000원)의 ELS 중 불과 0.5%인 27종목에서 원금손실이 발행했다. 손실액은 1,226억원(종목당 평균손실률 60%)이었다.

하지만 2007년 5월말 현재 미상환 상태인 ELS의 경우 2,484종목(16조7,000억원)의 6.5%인 202종목(1조1,000억원)에서 평가손실이 발생하고 있다. 평가손실액은 총 4,072억원(종목당 평균손실률 38.5%) 수준을 보였다. 즉 장세가 꺾이면서 변동성이 확산되자 적으나마 투자 리스크도 덩달아 높아지고 있는 것이다.

원금손실 ELS의 만기분포를 보면 2007년 4월부터 만기도래가 증가하기 시작해 모두 5종목 132억원을 기록했던 게 2008년에는 120종목 6,323억원으로 늘어났다. 향후에도 만기도래 규모는 급격히 증가할 것으로 보인다. 또 2009년에는 올해보다 다소 줄어들기는 하지만 77종목에 4,303억원이 만기도래를 맞아 여전히 높은 규모를 보일 것으로 전망된다.

☑ 원금손실 중인 미상환 ELS 만기분포

만기	2007년	2008년	2009년	계
만기도래규모 (종목수)	132 (5)	6,323 (120)	4,303 (77)	10,758 (202)
비중	1.2	58.7	40.1	100.0

• 자료 : 금융감독원(단위:억원 · 개 · %)

☑ ELS 발행추이

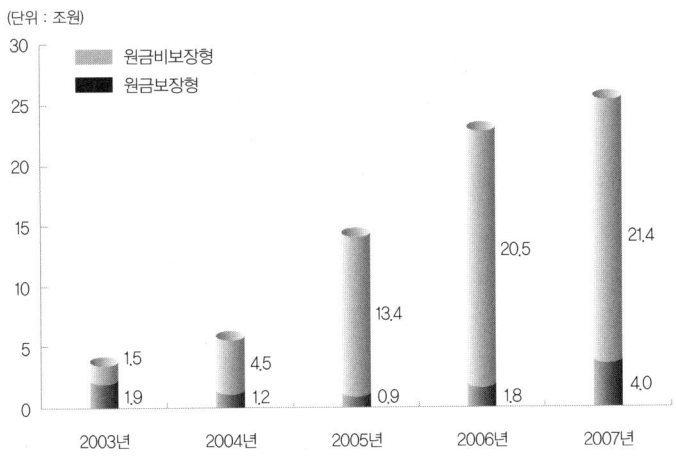

(단위 : 조원)

원금비보장형
원금보장형

2003년 1.5 / 1.9
2004년 4.5 / 1.2
2005년 13.4 / 0.9
2006년 20.5 / 1.8
2007년 21.4 / 4.0

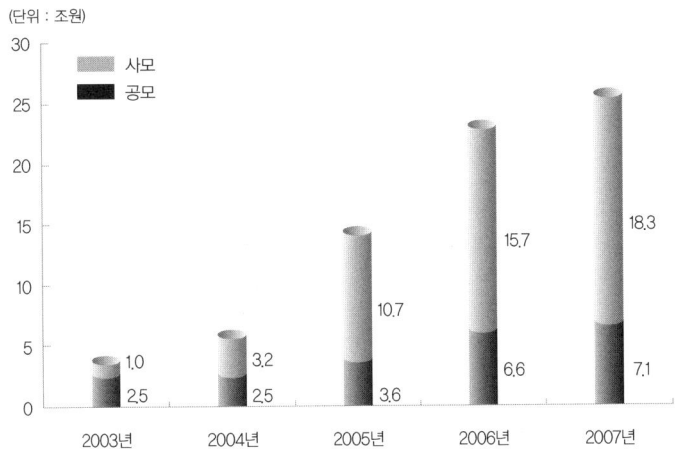

(단위 : 조원)

사모
공모

2003년 1.0 / 2.5
2004년 3.2 / 2.5
2005년 10.7 / 3.6
2006년 15.7 / 6.6
2007년 18.3 / 7.1

• 자료 : 금융감독원(dart)

●●● 대박과 쪽박 사이의 ELS

석달만에 18.8% 수익 '대박' …
3년만에 원금전액 손실 '쪽박'

공모형 ELS의 연간기준 수익률 최고기록은 101%(대우증권 ELS 1615호). 2007년 8월30일 발행된 이 ELS는 발행 이후 불과 3개월 만에 조기상환됐다. ELS에서 이 같은 수익이 났다는 것은 대박이 아닐 수 없다. 이제껏 발행된 공모형 ELS의 평균 연 수익률은 10.1%에 불과했기 때문이다.

먼저 이 ELS는 해당기간 안에 기초자산 3개(삼성물산, LG, 국민은행)가 모두 초기에 비해 8%만 오르면 조기상환되는 조건을 갖고 있었다. 조기상환 수익률은 '기간과 상관없이' 18.8%. 따라서 빨리 조기상환되면 될 수록 연간 기준 수익률은 커지는 상품이었다.

그런데 2007년 7월 서브프라임 모기지 사태가 폭발한 이후 폭락했던 코스피는 반등을 시작했다. 이 상품이 설정된 8월30일 이후 KOSPI200은 11월7일 최고점을 찍을 때까지 14%가 올라버렸다. 대우증권 ELS 1615호는 불과 3개월 만에 조기상환되면서 3개월 수익률이 18.8%(연간 기준 복리로 환산 시 101%)가 됐다. 만일 반등이 없었다면 6개월, 9개월, 심지어는 1년 수익률이 18.8%였을 수도 있었던 것이다.

쪽박 사례를 보면 '수익률을 사전에 예측하기 힘들다' 는 ELS의 특성을 더욱 잘 알 수 있다. 대우증권 ELS 1615호처럼 일반적인 ELS와 다른 구조를 갖고 있는 상품 중에는 원금 전액 손실을 본 상품도 있었다.

옛 LG투자증권이 발행한 ELS 52호는 KOSPI200이 최초 기준가격보다 낮거나 같으면 8.3%의 연간 수익률을 보장하는 구조. KOSPI200이 하락하면 이득을 본다. 특히 2004년 5월 발행 당시 KOSPI200은 하락하는 추세였기 때문에 강한 주가의 반등을 기대할 수 있는 시장분위기는 아니었다.

그러나 결과는 예상과 달랐다. 이 상품이 발행되던 2004년 5월 이후 주가지수는 폭등했다. 결국 투자자들은 원금을 하나도 못 건지는 결과가 초래됐다.

– 출처 : 매일경제 2008년 3월7일 B6면

PART II

ELS로 돈 버는 필승가이드 '이것만은 꼭!'

- ELS 초보자를 위한 '간단·명쾌 투자안내문'
- 처음 가입할 때 체크해야 할 5가지 사항
- ELS 투자 때 꼭 알아야 할 8가지 기본용어
- ELS 성공투자를 위한 6가지 나침반
- ELS에 대한 잘못된 상식 '바로 알아야 通(통)한다'
- ELS 투자실패 방지법 '첫 단추는 최대한 신중하게'

ELS 초보자를 위한
'간단 · 명쾌 투자안내문'

요컨대 ELS는 신규자산이다. 일반인이라면 낯설고 잘 모르는 게 당연하다. 하지만 펀드투자를 할 정도의 정성(?)이면 의외로 쉽게 정복할 수 있는 게 또 ELS다. 겉모습은 복잡하고 어려워 보이지만, 뜯어보면 간단하고 명쾌한 상품구조를 갖고 있기 때문이다.

시장초기 한계를 딛고 최근 입소문이 난 것도 막상 투자해보니 생각보다 ELS의 투자방법이나 전략수립이 그다지 힘들지 않다는 경험이 한몫했다. 바꿔 말해 조만간 신규상품의 선두주자인

ELS에 대한 일반인들의 투자가 한층 보편화될 수 있다는 의미다.

ELS는 개별주식의 가격이나 주가지수에 연계돼 투자수익이 결정되는 유가증권을 일컫는다. 자산을 우량채에 대부분 투자해 원금을 보존하는 대신 상품구조에 따라 일정금액을 주가지수·옵션 등 파생상품에 투자해 추가수익을 노리는 금융자산이다. 일반적으로 2~3년 만기이며 만기이전에라도 6개월마다 주가가 약정 목표수준을 달성하면 원금과 일정금리를 조기에 상환해 주는 상품이 다수를 이룬다.

유가증권에 대해 적용되는 일반적인 규제가 동일하게 적용되지만, 주식이나 채권 등 단일자산에 비하면 손익구조가 다소 복잡하다. 또 최악의 경우 수익은 물론 원금까지 지급받지 못할 위험성도 있다. 따라서 여윳돈이 아니라면 투자자가 만기 전에 현금화하기 어려워 환금성이 떨어질 수도 있다.

⌣ 일부 대형증권사만 판매 '청약에 따른 안분비례 배분방식'

국내에서는 장외파생금융상품업 겸영인가를 받은 증권사만 발행할 수 있다. 즉 ELS는 증권사 고유상품으로 봐도 무방하다. 투신운용회사는 ELS를 파생 상품펀드에 편입해 주가연계펀드로 판매한다. 따라서 ELS엔 판매를 둘러싼 업계의 복잡한 이해관계도 얽혀있다. 일반적인 펀드판매에서 증권사는 약자다. 대규모 유통망(점포)을 가진 은행들이 주도권을 쥐고 있어서다.

하지만 ELS는 순전히 증권사가 판매권을 쥐고 있다. 따라서 증권사 입장에선 은행권에 휘둘리는 일반펀드보다 ELS 판매에 주력함으로써 수익을 도모하려는 유인이 발생한다. 실제로 상당수 증권사들이 ELS를 새로운 수익원으로 삼는 분위기다. 신종증권 수수료수입이 늘 수 있기 때문이다.

특히 모든 증권사가 다 파는 것도 아니다. 삼성·대우·우리투자·한국·현대·대신·신영·미래에셋 등 장외파생상품 겸영인가를 받은 일부 대형증권사만 가능하다. 물론 ELS의 경우 수수료가 대개 만기 때까지 투자원금의 1% 안팎에 불과해 그다지 짭짤하진 않다. 하지만 많은 상품을 출시하면 박리다매를 노릴 수 있어 고무적이다. 게다가 상품구조만 잘 짜면 특별한 사후관리도 필요 없다.

그렇다면 일반투자자들에게도 ELS는 매력적인 상품일까.

요약하면 ELS는 확실히 투자자의 관심을 불러일으킬 만한 요소가 많이 있는 신형상품임에 틀림없다. 잘만 고르면 안정성과 수익성을 한꺼번에 챙길 수 있는 알짜 명품자산이다. 옵션·선물처럼 변동성이 큰 위험자산이란 속설은 말 그대로 속설에 불과하다. 위험성만 지나치게 부각된 평가여서다.

ELS는 주가가 오를수록 수익도 커지는 개별주가나 펀드와는 다르다. 만기나 조기상환 때까지 주가가 일정조건만 충족시키면 가입 당시 약정수익을 지급한다. 주가가 오른다고 수익이 비례하는 건 아닌 것이다. 대신 주가가 많이 떨어지지만 않으면 그걸로 충분하다. 일정수준까지만 빠지면 원금만큼은 지켜주기 때문이다. 물론 주가가 대폭 급락하면 원금손실 가능성은 커진다.

게다가 최근엔 투자자들의 개별입맛에 맞춰 원금보장과 추가수익 여부를 적절히 조정해 저위험·저수익부터 고위험·고수익 ELS까지 속속 선뵈고 있다. ELS의 자연스런 진화다. 특히 증시 급변동이 심화되면서 주가하락에 따른 투자위험은 줄이면서 동시에 정기예금 금리보다는 높은 수익을 기대할 수 있는 ELS도 인기다. ELS 투자를 통해 '시중금리+∂(알파)'를 추구토록 한 것이다.

ELS가 처음 도입된 2003년 이후 관련상품의 출시가 끊임없이 잇따르고 있는 것만 봐도 투자자들의 관심이 높다는 간접적인 증거다. 최근 들어서는 변동성이 높아진 장세를 반영하듯 안정성향의 투자자를 위해 원금손실 위험이 적은 원금보장형 ELS도 영역을 대폭 확대하고 있다. 원금보장형 ELS는 주가가 오를 때는 물론 하락했을 때도 정기예금 금리이상의 수익을 누릴 수 있다는 게 장점이다.

하지만 아무리 원금 손실 위험이 적은 원금보장형이라 해도 ELS 투자 땐 짚어봐야 할 사항이 적잖다. 수익구조나 조기상환 조건 등이 비교적 까다롭기 때문에 정확한 투자요령을 모르면 수익은커녕 손실을 입기 쉬워 유의할 필요가 있다.

〰 원금보장형도 손실위험 상존 '정확한 투자요령 익혀라'

그렇다면 처음 ELS를 시작할 때는 어떻게 해야 할까.

먼저 매입방법부터 알아보자. 언뜻 보기에 상품구조 및 수익 발생 구조가 복잡해보여 그렇지 가입방법은 펀드가입과 크게 다르지 않다. 가까운 증권사 객장을 방문해 계좌를 개설하거나, 주식계좌를 갖고 있고 HTS(Home Trading System) 이용이 가능한 기존 투자자라면 온라인을 통해서도 가입할 수 있다.

다만 펀드가입 때와 차이도 있다. ELS는 증권사가 투자자로부터 가입청약을 받아 이를 청약경쟁률에 따라 안분 비례해 배분하는 방식으로 진행된다. 또 청약을 위한 최소금액(청약최소금)을 예치시켜야 한다는 점에 기존펀드와 차이가 있다.

만약 청약공모 결과 모집금액(발행예정금액)을 채우지 못해 청약경쟁률이 1:1이 되지 못할 경우에는 투자자가 신청한 금액 그 대로 배분된다. 청약최소금은 100만원 이상이다. 청약단위는 1만 원의 정배수로 보통 10만원 또는 100만원 단위로 청약 가능하다.

어떤 ELS를 골라야 하는지도 아마추어에겐 고민거리다. 앞서 언급했듯 ELS 종류는 숱하게 많다. 각 종류별로 상품구조는 제각 각 다르다. 다만 ELS의 공통점은 기초자산 가격이 '적당히' 올라 줘야 투자자에게 유리하다는 점은 똑같다.

ELS는 기본적으로 주가가 상승할 것으로 기대하고 투자하는 상품이다. 따라서 기초자산 가격이 만기이내에 원하는 수준만큼 '적당히'가 아닌 그 범주를 벗어나 '대폭' 오를 것으로 전망되면 ELS는 어울리지 않는다. 차라리 직접투자를 선택하는 게 유리하 다. 주가상승분을 그대로 챙길 수 있기 때문이다.

특히 녹아웃형과 불스프레드형 ELS의 경우 기초자산 가격이 정해진 배리어 이내에 해당하는 '중간구간'에서 움직일(적당히 상승할) 경우 그 상승률에 비례하는 수익률을 얻을 수 있지만, 적 정수준 이상의 큰 폭으로 상승하면 오히려 직접투자에 비해 낮은 수익률이나 원금수준에 그칠 수도 있다.

물론 이 같은 단점을 인지하고 ELS 투자를 결심한 투자자라면 다른 조건이 같을 때 녹아웃형보다 불스프레드형이 유리할 수 있 다. 기초자산 가격이 '중간구간'에서 움직일 경우에는 두 개 상품의 수익률이 같지만 행사가격을 넘어서는 수준까지 오를 경우 녹아웃형은 수익률이 낮아지지만 불스프레드형은 '중간구간'의 최고수익률을 지급하기 때문이다.

디지털형 역시 녹아웃형보다 유리한 구조로 이해할 수 있다. 기초자산의 가격상승 가능성이 높을수록 디지털형이 유리하다. 상품이 제시하는 수익 지급조건이 충족될 확률이 더 크기 때문이다.

〰️ 상품구조와 투자성향 조합한 '맞춤투자 바람직'

이밖에 원금에서 손실이 발생하는 조건도 꼼꼼하게 체크해야 한다. ELS는 원금이 반 토막 나는 경우도 왕왕 발생할 만큼 결코 안전한 투자자산은 아니다. 어쨌든 손실확률이 낮을 뿐 가능성은 존재하기 때문이다.

따라서 원금이 보장되는 상품인지 우선 확인하고, 보장되지 않으면 손실률이 일정수준에서 제한되는 상품인지, 아니면 기초자산이 하락하는 만큼 고스란히 손실을 떠안아야 하는 상품인지 그 구조를 확인해야 한다.

그리고 발생할 수 있는 손실률이 평소 주식에 투자할 때의 손절매 수준보다 큰 경우라면 ELS 투자를 보다 신중하게 결정해야 한다. 직접투자와는 달리 ELS는 손실이 발생한 후 이를 만회할 수 있는 시간적 기회도 없을뿐더러 작은 손실에서 줄일 수 있는 손절기회도 없기 때문이다. 만기이전에 환매할 수 있는 경우에도 상당한 수수료를 부담해야 한다는 점도 투자에 앞서 새겨봐야 할 포인트 중 하나다.

요즘 인기 있는 ELS유형

투 스타에 스텝다운,
그리고 조기상환형 '인기몰이'

요즘 잘 나가는 ELS의 기본구조는 3가지 조건의 조합결과로 압축된다. 먼저 '투 스타'다. 두개의 기초자산(Two Stocks)을 가진다는 점에서 '투'이며, 기초자산 중 이른바 스타종목(Star)을 고른다는 점에서 '스타'다. 두개의 유명종목을 기초자산으로 설정해 개별가격이 일정조건에 도달하면 예정수익률로 조기상환하는 식이다.

현재 국내시장에서 판매되는 ELS 중 상당수는 두개 기초자산을 기본으로 만들어진다. '투 스타'가 시장을 장악하고 있다는 의미다. 하지만 둘 중 하나만이라도 일정주가 아래로 떨어지면 정해진 수익률을 받지 못하는 게 흠이다. 즉 녹아웃(Knock-out) 방식이다. 기초자산 주가가 서로 다른 방향으로 움직이면 한 종목 주가가 큰 폭으로 올라도 삐끗한 한 종목 때문에 원금이 까질 수도 있기 때문이다.

또 하나의 조건은 '스텝다운(Step Down)'이다. 발행 후 3~6개월마다 중간평가를 통해 조기상환 기회가 주어지는데, 이때 상환조건이 계단을 내려가듯 점차 낮아진다고 해서 붙여진 이름이다. 횟수를 거듭할수록 상환조건이 조금씩 변한다는 의미에서 스텝다운이다.

마지막 조건은 역시 '조기상환형'이다. 만기이전에 원금과 수익을 지급하는 조기상환 기회를 제공하는 게 최근의 일반적인 형태다. 두개 정도(이상도 가능)의 개별종목 주가가 모두 일정 주가수준 이상이면 정해진 기간별로 조기상환이 이뤄져 수익을 얻는 구조가 ELS의 태반이기 때문이다. 다만 조기상환에 실패해도 기초자산 가격이 일정수준 이하로 떨어지지만 않으면 원금을 건질 수는 있다.

이 셋의 조합이 최근 ELS업계의 주류다. 두개 정도(투 스타)의 유명기업 주가를 대상으로 조건을 설정하되, 조기상환 조건에 도달(조기상환형)할 때까지 여러 번의 상환기회를 제공하는(스텝다운) ELS에 관심이 많다. 투자자 본인이 기초자산이 되는 해당기업에 대한 정보에 밝거나, 향후의 주가향방에 대해 일정부분 판단할 수 있다면 유리한 조건설정을 통해 안정적 확정수익을 거둘 수 있다는 얘기다.

처음 가입할 때
체크해야 할 5가지 사항

ELS는 투자자에게 유리한 상품이다. 일단 상품종류·숫자가 많아 투자자 본인의 입맛에 맞게 얼마든 취사선택할 수 있다. 투자성향에 따라 상품구조도 위험과 수익사이를 조합했기 때문에 누구든 원하는 ELS를 찾을 수 있다는 의미다.

물론 ELS에 가장 걸맞은 투자성향은 중도적 투자자다. 대박을 노리지는 않지만, 그렇다고 쪽박을 차기는 싫은 이들에게 제격이다. 원금보장형 ELS라면 당연히 쪽박을 찰리는 없으며, 10~20%의 기대수익을 원한다면 최소화된 원금손실 가능성으로 그 정도의 짭짤한 투자결과는 챙길 수 있기 때문이다.

게다가 투자자 입장에선 손에 쥔 카드숫자도 시장보다 많아 유리하다. 향후의 장세예측은 세 가지다. 오르거나(상승) 내리거나(하락), 아니면 그대로(보합)이거다. 어느 방향으로 갈지는 잘 알다시피 신(神)도 모른다. 이때 ELS라면 셋 중 둘만 맞춰도 수익이 보장된다. 직접투자라면 오직 상승만 맞춰야 수익이 나지만, ELS는 상승 내지 보합만 맞춰도 확정수익 확보가 가능하다. 심지어 떨어져도 일정수준 안에서 하락하면 원금보장이 가능한 ELS도 적잖다. 사실상 ELS야말로 천하무적인 셈이다.

〰️ 기초자산·기준가격 챙기고 원금보장 여부 꼭 확인

다만 이런 ELS라도 몇 가지 필수 체크사항을 인지해야 그 수혜를 입을 수 있다. 자산시장에 노력 없는 열매는 없다. 운은 한 번에 그칠 뿐 실력과 준비만이 연승을 안겨주는 법이다. 지금부터 ELS 투자 때 체크해야 할 필수항목을 살펴보자.

● 원금보장 되나… '비보장형이면 원금손실 가능성 체크'

주식이나 펀드에 비해 ELS가 투자자들에게 어필할 수 있는 요소는 안정성이다. ELS는 기초자산인 주가지수나 개별종목 주가가 떨어져도 수익을 얻을 수 있기 때문이다. 하지만 원금비보장형 상품의 경우 사전에 정한 조건에 따라 원금손실이 발생할 수도 있다.

또 주가가 일정수준 이내에서 움직여야 수익을 내는 유형의 상품은 주가가 크게 상승하면 오히려 수익을 내지 못하는 경우도 발생할 수 있다. 따라서 ELS에 가입하고자 하는 시기의 주가지수나 개별종목 가격움직임을 잘 살피고 유가증권신고서나 사업설명서 등에 명시된 상품발행 조건을 충분히 숙지한 후 투자에 임해야 한다.

● 기초자산 뭔가… '어떤 종목 · 지수냐 따라 변동성 달라'

기초자산이 무엇인지도 잘 살펴봐야 한다. 기초자산이 주가지수냐 개별종목이냐에 따라 수익률이 다르게 나타날 수 있기 때문이다. 기초자산이 주가지수인 ELS는 변동폭이 적어 안정적이기는 하지만 그만큼 기대수익률이 낮다. 반대로 개별종목 ELS는 상대적으로 변동폭이 크기 때문에 그만큼 리스크도 높은 반면 위험수용만큼 고수익을 기대할 수 있다는 장점이 있다.

또 개별종목 ELS의 경우 어떤 종목끼리 짝을 지웠는지에 대해서도 살펴봐야 한다. 주가지수와 개별종목의 변동성에 차이가 있는 것처럼 각 개별종목의 변동성 차이도 천차만별이기 때문이다. 기초자산이 두개인 투 스타 상품의 경우 서로 비슷하게 움직여야 안정적이다. 따라서 안정적인 성향을 가진 투자자라면 당연히 기초자산 변동성이 적고 서로 유사한 움직임을 보이는 종목으로 구성된 상품을 선택해야 한다.

● 기준가격은 어떻게… '안 보이는 세금 · 수수료까지 읽어라'

ELS의 기준가격은 기초자산의 가격, 변동성, 금리 등 복합적인 변수에 의해 산출된다. 물론 ELS 평가가격에 있어 가장 중요한 것은 기초자산의 변동성이다. 기초자산 가격이 상승해도 변동성이 감소할 경우 평가가격은 다르게 산정될 수 있기 때문이다.

ELS를 판매하는 대부분의 증권사는 홈페이지에 기준가격을 의무적으로 공시하고 있다. 기준가격에는 ELS의 운용 · 판매수수료가 포함돼 있다. 반면 환매수수료와 세금은 포함돼 있지 않다. 따라서 일정기간 내에 환매할 경우 수수료를 물리는 상품은 기준가격에서 환매수수료와 세금(16.5%)을 제외해야 실제로 받을 수 있는 금액이 나온다. ELS의 기준가격은 통상 1만원으로 설정된다.

● 환금성 제약… '중도환매라면 원금이 깎일 수도'

ELS는 조기상환일이나 만기상환일에 수익이 지급되는 것이

원칙이다. 이때의 지급금액은 유가증권신고서나 사업설명서에 기재된 내역에 따라 투자원금의 일부 또는 전부가 보장된다.

따라서 만기 전에 현금화가 어려울 수도 있다. 중도환매 때에는 원금손실 가능성도 충분히 있다. 중도환매금액은 위험회피거래(헤지거래)에 대한 청산가치를 기준으로 증권사가 산출한다.

투자자가 중도환매를 요청하고자 하는 경우 유가증권신고서에 명시된 중도환매 신청일에 요청해 중도환매율에 따라 환매금액을 지급받아야 한다. 따라서 급한 용도로 자금이 필요한 경우 정확한 상환금액을 꼼꼼히 따져보고 중도환매를 신청해야 혹시 발생할 수 있는 낭패를 피할 수 있다.

● 변동성 예측… '상환조건 따라 유리한 변동성 제각각'

ELS는 방향만 제대로 짚었다고 돈이 되는 건 아니다. 기초자산의 주가 변동성도 고려해야 한다. 기초자산의 주가가 오를수록 수익이 커지고 조기상환되는 구조라면 기초자산의 변동성이 큰 게 유리하다. 3개월마다 기초자산 주가가 기준가격보다 같거나 6% 내로 오를 경우엔 연 11%, 6%이상이면 연 15% 수익률로 조기상환된다고 하자. 주가가 3개월 뒤 6% 이상 올라야 높은 수익을 올릴 수 있기 때문에 기초자산의 주가 변동성이 가급적 큰 게 유리하다.

반면 6개월마다 기초자산 주가가 기준가격의 80% 이상이기만 하면 연 16.5%의 수익률로 조기상환되는 상품이라면 변동성이 작을수록 유리하다. 강세장이라면 주가가 오를수록 수익을 내는 구조의 상품이 많아 변동성이 큰 기초자산과 연계된 ELS가 유리한 반면 약세장이라면 정반대의 ELS가 더 효과적일 수도 있다.

⟍●⟋ 연간수익률을 둘러싼 오해와 이해

세후·최종수익률이 관건…
'눈에 보이는 수익률에 속지마라'

최근 출시되는 ELS상품 중 적잖은 수가 연간 목표수익률로 20%
이상을 제시한다. 당연히 원금비보장형이다. 원금보장형이라면 많
아봐야 10% 안팎의 목표수익이 전부다. 원금보장 여부가 헷갈린
다면 목표수익률만 봐도 얼추 짐작은 가능하다. 고수익이면 원금비
보장이 많고, 그만그만한 수익률이면 원금보장은 가능할 것으로 이
해하면 된다. 사실 이 정도는 투자세계의 상식이다.

수익률과 관련해 ELS 역시 오해가 많다. 대표적인 게 '연간' 수익
률이다. 연간 개념을 정확히 파악해두지 않으면 나중에 낭패를 당
할 수도 있어 유의해야 한다. 가령 연간 목표수익률을 20%로 설정
한 ELS가 있다고 하자. 그런데 이 상품이 3개월 안에 조기상환 조
건에 부합됐다면 실제 투자자가 받는 수익률은 얼마일까.

절대 20%가 아니다. 3개월 조기상환이니 나누기 4를 한 5%가 연
간 수익률이자 고객이 손에 쥘 수 있는 세전수익률이다. 100만원을
넣었다면 5만원이 고작이다. 여기에 세금까지 내고 나면 손에 쥐는
최종수익은 4만5,000원을 조금 넘길 뿐이다. 겉으로 보면 적잖게
짭짤한 수익 같지만 이렇듯 뜯어보면 실망스런 수준일 수도 있다.
그만큼 수익률 개념은 정확히 알아둘 필요가 있다.

ELS 투자 때 꼭 알아야 할
8가지 기본용어

ELS를 비롯한 신형상품 투자를 주저하는 이들의 공통점은 바로 '전문용어'에 있다. 듣기만 해도 머리가 지끈거리는 전문용어가 난무하니 자연히 거리감이 생길 수밖에 없다.

어렵고 딱딱하기만 해 웬만한 참을성으로는 정복하기 어려운 게 특히 금융시장의 전문용어다. 알기 쉬운 말로 쉽게 표현해준다지만, 실상은 쉽지 않은 문제다. 자칫 의미해석과 전달과정에 새로운 차원의 갈등요소가 생길 수도 있어서다.

투자열풍을 일으켰던 펀드 부작용의 진원지도 실은 복잡한

'전문용어'에 있다. 워낙 어려운 단어들이 난무하니 파는 사람도 대충 설명하고, 사는 사람도 우이독경 식으로 넘겨버리는 경우가 비일비재하다. 펀드상담·분석 때 중요한 건 오직 '수익'뿐이니 말이다. 운용보고서가 날아와도 이해가 안 되니 '잘 운용되고 있을 것'이란 자기위안만 내세운 채 뜯지도 않고 치워버리게 된다.

하지만 투자활동의 기본은 용어정복부터 비롯되는 법이다. 투자세계의 게임 룰을 이해하자면 참가자들이 어떤 단어를 어떤 의미로 사용하는지 반드시 알아야 한다. 다행스러운 건 약간의 관심과 정성만 있으면 전혀 불가능한 과제가 아니란 사실이다. 처음이 어려워서 그렇지 그 한계만 넘기면 투자전문가로 거듭날 수도 있다.

몇 가지 전문용어만 정복하면 '나도 ELS 전문투자자!'

지금부터 ELS 투자 때 반드시 정복해야만 하는 기본적인 전문용어 몇 가지를 살펴보자. 전문용어 정복이야말로 성공투자를 완성하는 출발점이자 마침표임을 잊어선 곤란하다.

● 워런트(warrant)… 수익 좌우하는 최대변수

ELS의 수익구조는 일반적으로 크게 채권, 주식, 워런트 등 세 가지 요소에 좌우된다. 우선 증권사는 투자된 금액의 대부분을 주로 국공채 등 우량 안전자산에 투자해 만기 시 투자자의 원금 상환에 충당하고 나머지 부분을 주가에 대한 옵션 즉, 워런트에 투자하게 된다. 즉 ELS의 수익을 좌우하는 주된 요소가 바로 워런트다.

워런트는 일정수의 보통주나 고정금리 채권을 일정가격에 살 수 있는 권한을 증권 소유자에게 부여하는 옵션이나 유가증권 (ELW, Equity Linked Warrant)을 뜻한다. '신주인수권 표시증서' 라 는 용어로도 표시된다.

워런트는 단독으로 발행하는 경우보다는 다른 증권의 발행을 쉽게 하기 위해 별도로 첨가해 발행하는 경우가 대부분이다. 매 입대상 자산의 가격이 변동하면 레버리지 효과에 의해 워런트의 가격은 더 큰 폭으로 변동하는 대표적인 고수익·고위험증권이 라 할 수 있다. 국내에서는 지난 2005년 12월부터 ELW시장이 개 설돼 워런트를 거래할 수 있게 됐다.

● 배리어(barrier, 경계선)… 옵션권리 존재·소멸되는 경계선

옵션이 녹아웃(knock out) 또는 녹인(knock in)이 되는 기준 경

계선이다. 다시 말해 기초자산 가격의 변동에 따른 옵션권리의 존재 또는 소멸여부를 결정짓는 사전약정 주가지수 수준을 말한다. 계약기간 중 지수수익률과 연동되는 효과는 배리어를 기점으로 존재하거나 소멸하게 된다. 즉 배리어의 수준에 따라 워런트의 수익구조가 결정되게 된다.

● 리베이트(rebate, 고정수익)… 사전에 정한 약정수익률

ELS 가입당시 기초자산 가격(주가지수 또는 개별종목 주가움직임)에 따라 정해진 목표주가를 달성했을 때 받게 되는 약정수익률을 말한다. 녹아웃형 ELS의 경우 기초자산 가격이 한 번이라도 사전에 정한 수준, 즉 배리어를 한 번이라도 넘어서게 될 경우 만기가 도달했을 때의 리베이트를 지급한다. 만약 기초자산 가격이 배리어를 넘지 않고 이 수준 안에서 움직일 경우에는 지수 상승분에 따라 수익률이 그때그때 달라진다.

● 녹아웃 옵션(knock out option)… 배리어 넘어도 사전약정 수익만 가능

기초자산 가격이 사전에 설정된 배리어를 넘어서게 될 경우 해당옵션의 권리가 소멸되는 옵션을 말한다. 즉 계약기간 중 주가지수나 개별종목 주가가 배리어를 넘어서게 될 경우 녹아웃 옵

선수익은 그 이후의 대상 주가지수 수익률과는 관계없이 사전적으로 약정된 수익, 즉 리베이트로 결정되게 된다.

녹아웃형 ELS의 경우 기초자산의 가격이 상품의 만기이전에 단 한번이라도 일정수준 이상 오르면 미리 정해진 리베이트를 지급하는 구조로 돼 있어 조건을 붙이기에 따라 상승뿐 아니라 하락 녹아웃형과 양방향 녹아웃형도 가능하다.

반대로 녹인 옵션(knock in option)은 배리어에 도달해야 효력이 발생하는 형태의 옵션을 뜻한다.

● 상승(이익)참여율(participation rate)… 기초자산 가격변동에 비례해 수익보장

기초자산 가격의 움직임에 따라 투자자가 얼마만큼의 수익을 공유하게 되는가를 나타내는 비율을 뜻한다. 앞서 언급한 것처럼 녹아웃형 ELS는 기초자산 가격의 상승률에 따라 ELS 수익률이 결정되는 구조를 가지고 있는데 이렇게 기초자산 가격의 상승률에 대비해 일정한 수익을 보장받을 수 있는 비율을 상승참여율 또는 이익참여율이라고 한다.

예를 들어 삼성전자를 기초자산으로 하는 녹아웃형 ELS의 상승(이익)참여율이 150%라고 한다면 투자자는 삼성전자 주가가 기준가격 대비 10% 오를 때 15%의 ELS 수익을 얻게 되고, 30%라

면 3%의 투자수익을 보장받을 수 있다.

● 원금보장율(floor rate, 이익하한)··· 가격변동 무관한 최소 보장 수익률

기초자산 가격의 변동과 관계없이 만기가 도달했을 때 원금을 보장하는 비율로 일정수준의 주가에서 최소로 보장되는 수익률을 뜻한다.

● 최대수익률(cap rate, 이익상한)··· 가격변동 따라 최대 확보수익률

원금보장율과는 반대로 기초자산 가격의 변동과 관계없이 만기 시 얻을 수 있는 최대수익률로 주가가 배리어 이상 상승했을 경우 최대한 확보할 수 있는 수익률을 뜻한다.

● 의무중도상환

의무중도상환이란 정해진 주기(3개월, 6개월 등) 내에 기초자산이 해당조건을 달성했는지 중간체크를 하는 것으로 달성한 경우 무조건 상환에 들어가야 한다. 예를 들어 3개월 의무중도상환 ELS가 1월1일 시작해 1월3일에 달성한 경우 일단 상환조건을 채웠기 때문에 3일 만에 ELS는 종료되는 것이다.

하지만 상환조건이 달성됐다고 해서 돈을 금방 찾아갈 수 있는 것은 아니다. 3개월 의무중도상환이면 3개월 기간 중에 조건을 달성했다고 해도 3개월째 상환할 수 있는 것이다. 예를 들어 앞선 사례처럼 1월1일에 설정한 3개월 의무중도상환 ELS가 1월3일에 조건을 달성했다 하더라도 상환일자는 1월1일의 3개월 후인 4월1일이 된다.

만약 조건달성 시에 12%의 이자를 준다고 했을 경우 첫 3개월 만에 조건을 달성했다면 1년 기준으로 12%이므로 3개월 이자는 1/4인 3%의 이자율을 지급한다. 1,000만원을 가입한 투자자라면 세전 30만원의 이자를 3개월 만에 받는 것이다.

ELS 성공투자를 위한
6가지 나침반

최근 ELS는 다양한 기초자산과 연계돼 출시되고 있다.

KOSPI200지수는 물론 NIKKEI225, HSCEI와 같은 해외지수도 기초자산으로 편입되고 있고 개별종목도 주로 2~3개 종목의 주가에 연계된 상품이 상당수 출시되고 있다.

초창기에 KOSPI200지수나 시가총액 상위 9개 개별종목에 연계된 ELS가 주로 출시됐던 것에 비하면 상품라인업이 꽤 다양해진 셈이다. 또 증권사들이 만기, 목표수익률, 평가기간 등의 조건을 저마다 다르게 내건 다양한 ELS를 내놓고 있기 때문에 갈수록 상품구조는 보다 다양해지고 복잡해지는 경향을 띨 것으로 보인다.

투자자는 자신의 성향에 따라 수익성과 안정성을 고려해 적절한 ELS를 선택해야 한다. 안정성을 추구하는 보수적인 투자자는 만기 시 원금보장을 받으면서 정기예금 금리이상의 목표수익률을 기대할 수 있는 ELS에 투자하는 게 좋다.

반면 다소 공격적인 투자자는 만기 시 원금보장은 되지 않더라도 주식투자처럼 고수익을 기대할 수 있는 ELS에 투자할 수 있다. 위험을 지는 만큼 보수적인 투자자보다 더 역동적이고 기대수익이 높은 ELS를 사는 게 적합한 것이다.

갈수록 다양해지는 ELS구조 '성향 맞게 꼼꼼히 점검하라'

이처럼 ELS에 투자하기 위해서는 갈수록 다양해지는 ELS의 상품구조를 잘 이해하는 게 급선무다. 물론 투자자 자신의 기본 성향에 잘 부합되는지 여부도 따져봐야 한다. 이외에도 성공적인 ELS 투자를 위해 고려해야 하는 사항은 실은 너무도 많다. 다만 지금부터 설명할 6가지 투자원칙은 반드시 지켜야 할 공통분모다.

● 자신의 성향부터 파악하고 투자하라

ELS에 투자할 때는 원금보장이 되는지 여부를 제일 먼저 따져 봐야 한다. ELS는 제한된 위험 아래서 수익을 추구한다. 기초자산이 튼튼할 경우 비교적 안정적이면서도 높은 수익을 기대할 수 있는 반면 주가가 예기치 않은 방향으로 움직일 때는 원금손실도 발생할 수 있다.

따라서 수익률도 중요하지만 만기까지 갔을 경우 원금보장 여부와 주가하락 때의 원금손실 조건도 잘 따져봐야 한다. 대개 원금보장형 상품은 안정성이 강점인 반면 기대수익률은 상대적으로 낮다. 원금비보장형 상품의 경우 최대 20% 이상의 수익률 제시가 일반적인 반면 원금 보장형은 7~9% 안팎부터 시작해 고작해야 10%가 최대치다. 출시 초기엔 원금보장형이 많았지만 최근엔 원금비보장형이 주류를 이루고 있다.

따라서 원금보장을 최우선시하는 안정성향의 투자자라면 원금보장 상품부터 먼저 눈여겨보는 게 좋다. 예를 들어 같은 KOSPI200지수를 기초자산으로 하는 ELS라 할지라도 원금보장이 되는 상품은 조기상환 수익률이 연 8%이지만, 원금비보장형 상품은 조기상환 수익률이 25%까지 오를 수 있다.

안정적인 원금보장을 원하느냐 아니면 원금보장은 없어도 고수익을 추구하느냐에 따라 어떤 ELS를 고르냐가 달라질 수 있다.

또한 원금보장형 상품에 대해서도 어디까지나 투자원금에 대한 보전을 추구한다는 뜻이지, 예금자보호대상 금융상품처럼 일정 금액에 대해 원금을 확실히 보장해준다는 것은 절대 아님을 명심해야 한다.

● 기초자산에 대한 미래전망을 확인하라

성공적인 ELS 투자를 위해 무엇보다 중요한 것은 바로 기초자산이다. 기초자산인 주가지수나 개별종목의 움직임에 따라 고수익을 내기도 하고, 조기상환 조건이 괜찮다고 하더라도 기초자산 가격이 하락해 조기상환이 안될 수 있을 뿐만 아니라 최악의 경우에는 원금보장선이 깨져 만기 때 원금손실까지 입을 수도 있기 때문이다.

즉 가입을 고려하고 있는 ELS가 얼마나 빨리 조기상환 될 것인지가 투자핵심인 것이다. 최근 출시되고 있는 ELS의 만기는 보통 1~3년이지만 조기상환 조건을 충족하면 3개월 내지 6개월 내에 자동 상환된다. 되도록 짧은 시간에 목표수익률을 달성하는 게 가급적 유리하다는 의미다.

기초자산의 상관관계도 살펴야 한다. 두개의 종목을 기초자산으로 하는(투 스타) ELS는 두 종목간의 상관관계에 따라 조기상환 확률이 달라질 수 있다. 두 종목간의 상관관계를 따져볼 수 있는 가장 간단한 방법은 두 종목의 주가 그래프가 과거에도 함께 움직였는지 거슬러 짚어보는 것이다.

투 스타 ELS는 두 종목 모두 올라야 목표수익에 도달해 조기상환 되는 경우가 많다. 따라서 상관관계가 높은 종목을 조합한 ELS를 골라 투자하는 게 유리하다. 물론 그렇지 않은 ELS도 있기 때문에 상황에 맞게 상관관계를 잘 파악해야 한다. 대략 동일업종의 종목일 경우 주가흐름이 비슷해 조기상환 가능성이 높은 편이다.

최근 들어 출시되는 ELS는 주로 2~3개 종목의 주가나 주가지수에 연결돼 움직이기 때문에 주가(종목)흐름을 예측할 수 있으면 보다 고수익을 기대할 수 있다. 그렇기 때문에 ELS 기초자산이 속한 특정시장 환경과 현재 가격수준, 향후 전망 등을 종합적으로 고려하는 것이 가장 중요한 체크포인트다.

기초자산 자체의 변동성도 주목할 사항이다. 해당종목이 과거 반 토막이 날 정도로 하락한 적이 있었는지 여부, 즉 과거이력 정도는 살펴봐야 한다. 해당종목의 변동성이 크다는 것은 손실을 볼 가능성도 높다는 뜻이 되기 때문에 가급적이면 피하는 게 낫다.

기초자산이 오를지 내릴지 미래를 정확히 예상한다는 것은 거의 불가능한 일이다. 하지만 주식 직접투자를 할 때와는 달리

ELS는 예측범위가 제한된다는 특징이 있기 때문에 조금만 신경 쓰면 그리 어려운 투자만은 아니다.

- 투자기간과 조기상환 조건을 반드시 확인하라

다양한 형태의 ELS 중 투자자들이 가장 많이 찾는 유형은 만기

☑ 2008년 6월16일 발행된 우리투자증권 WM ELS 1972호 상환조건 사례

구분	내용	투자수익률
자동 조기상환	① 첫 번째, 두 번째 자동조기상환 평가일에 두 종목의 자동조기상환평가가격이 모두 최초기준가격의 90% 이상인 경우	연 19.0%
	② 세 번째, 네 번째 자동조기상환 평가일에 두 종목의 자동조기상환평가가격이 모두 최초기준가격의 85% 이상인 경우	
	③ 다섯 번째 자동조기상환 평가일에 두 종목의 자동조기상환평가가격이 모두 최초기준가격의 80% 이상인 경우	
만기상환	① 두 종목의 만기평가가격이 모두 최초기준가격의 80% 이상인 경우	연 19.0% (만기시 57.0%)
	② 두 종목 중 어느 한 종목이라도 만기평가가격이 최초기준가격의 80% 미만이고, 투자기간 중 장중가 포함하여 최초기준가격의 60% 미만으로 하락한 종목이 없는 경우	연 10.0% (만기시 30.0%)
	③ [만기평가일까지 한 종목이라도 최초기준가격의 60% 미만으로 하락한 적이 있고 (장중가 포함)] + [두 종목 중 한 종목이라도 만기평가가격이 최초기준가격의 80% 미만이면] ⇒ 원금손실	손실률 = (기초자산 중 하락폭이 큰 종목의 하락률)

• 주 : 스텝다운 조기상환형(기초자산 POSCO, KT, 만기 3년, 매 6개월마다 총 6회 조기상환 기회, 조기상환조건 충족 때 연 19.0%

까지 몇 차례 평가일을 두고 사전에 정한 조건을 충족했을 때 바로 상환해버리는 조기상환형이다. 대부분 조기상환형 상품의 조기상환 주기는 3개월, 4개월, 6개월이다.

만약 조기상환이 되지 않으면 3년까지 기다려야 하는 만기구조를 가지고 있다. 조기상환형은 비교적 짧은 기간에 목표수익률을 달성하고 바로 상환되기 때문에 성격 급한 투자자가 많은 한국시장에서 특히 인기가 높다.

예를 들어 우리투자증권의 WM ELS 1972호의 경우 만기 3년에 매 6개월마다 모두 6회의 조기상환 기회를 부여하고 있다. 첫 번째와 두 번째 자동 조기상환 평가일에 걸린 조건의 경우 평가가격이 최초 기준가격의 90% 이상일 때 연 19%의 수익을 지급하겠다고 명시해 놨다.

하지만 이와 같은 조건이 충족되지 않아 조기상환이 되지 않으면 만기인 3년까지 어쩔 수 없이 기다려야 한다. 장기간 자금이 묶일 수밖에 없다. 따라서 단기간에 써야 할 자금이라면 만기 3년의 ELS에 대한 투자는 재고할 필요가 있다.

● 가입시점에 따른 수익률 변화를 이해하라

ELS는 지금과 같은 저금리 시대에 투자 가능한 고수익 투자대안이다. 하지만 주가지수나 개별종목 주가흐름 등에 영향을 받기 때문에 가입시점에 따라 결과는 달리 나타난다. 특히 ELS는 가입 기간 동안의 기초자산 가격의 상승률보다는 만기 시 상승률이 수익률을 결정되는 상품구조를 가지고 있다는 점에 유의해야 한다. 만기 시 기초자산 가격의 상승률이 하락할 경우 수익이 발생하지 않고 원금손실이 발생할 수 있기 때문이다.

지난 2006년부터 최근까지 ELS가 비교적 높은 수익률을 거둘 수 있었던 것은 이 기간 동안 국내증시가 지속적으로 강세를 보였던 영향이 크다고 할 수 있다. 하지만 2008년처럼 본격적인 조정장이 장기간 이어지거나 약세장으로 반전돼 지속될 경우 ELS 수익률은 지금까지와는 달리 낮아지거나 최악의 경우 대거 원금손실을 볼 수도 있다.

따라서 ELS에 투자하기 전에 현재 증시를 둘러싼 주변상황은 물론, 향후 장기적인 관점에서 경기전망까지 꼼꼼하게 체크해봐야 한다. 다만 기초자산 가격이 충분히 조정을 받아 향후 전망이 낙관적이라면 투자메리트는 한층 더 높아졌다고 볼 수도 있어 고무적이다. 바닥을 다졌다면 오를 수밖에 없기 때문이다.

● 중도환매는 곧 원금손실이란 점을 명심하라

ELS의 상품구성은 복잡하다. 대부분의 ELS는 투자금액의 90% 이상을 국공채 등 우량채를 편입해 안정성을 확보한 후 5% 내외를 주가지수나 개별종목에 연계된 옵션 등 파생상품에 투자해 초과수익을 추구한다.

하나의 ELS에 여러 종류의 옵션으로 수익과 위험에 대한 리스크 관리를 하는 매우 복잡한 구조의 금융공학 상품이다. 따라서 중도에 환매를 하게 되면 상품운용상 차질이 있을 수밖에 없다. 때문에 증권사는 운용 안정성을 높이기 위해 비교적 환매수수료를 많이 부과하는 편이다. 따라서 환매는 곧 투자자의 손실로 이어질 확률이 높다.

ELS는 원칙적으로 중도환매가 불가능하다. 하지만 상품에 따라 또는 발행하는 증권사에 따라 약간의 차이는 있다. 중도환매가 가능한 경우 환매할 때 발행사가 제시하는 환매가격에 따라 이뤄진다.

만기 전에 환매할 경우 주식형펀드보다 더 많은 환매수수료를 내야 한다. 많게는 환매금액의 10%가 수수료로 부과된다. 따라서 중도환매를 하고자 할 때에는 상품약관 또는 설명서를 반드시 확인해야 한다. 결국 ELS 투자로 성공하자면 단기 환금이 전제로 되는 빠듯한 돈보단 여윳돈으로 시작하는 게 유리하다.

● 기대수익률을 낮춰라

2008년 2월 매일경제신문이 각 증권사 동의를 얻어 채권평가회사로부터 입수해 정리한 '공모형 주가연계증권(ELS) 수익률 현황' 자료에 따르면 2003년 ELS시장이 처음 문을 연 이후 2008년 2월말까지 만기가 도래된 공모형 ELS의 연평균 수익률은 10.1%에 달하는 것으로 나타났다.

또 KIS채권평가가 2007년 11월에 발표한 자료에 따르면 증시가 급격한 변동성을 보인 2007년 4~10월까지 조기 및 만기상환된 ELS의 연평균 수익률은 11.2%에 이르는 것으로 나타났다. 이는 일반적으로 ELS가 '시중금리+ɑ'를 돌려준다는 기대에서 크게 벗어나지 않는 결과를 보여주고 있다.

따라서 ELS 투자에 앞서 증권사가 제시하는 최고수익률에만 현혹돼 무조건 가입하기보다는 현재의 정기예금과 비교해 3~4% 이내의 추가수익률을 제시하는 상품에 가입하는 게 가장 무난하다고 할 수 있다. 너무 높은 수익률을 제시하는 상품은 주식시장이 여의치 않을 경우 정기예금에 가입한 것보다 못한 수익이 발생할 수 있기 때문이다.

또 위험회피를 우선시하는 투자자라면 하락을 예상해 수익률을 설정해 놓은 녹인(knock-in)형 상품에 관심을 갖는 것도 괜찮다. 남들이 우는 하락장에서도 웃을 수 있는 상품이기 때문이다.

☑ 만기도래 수익률 통계

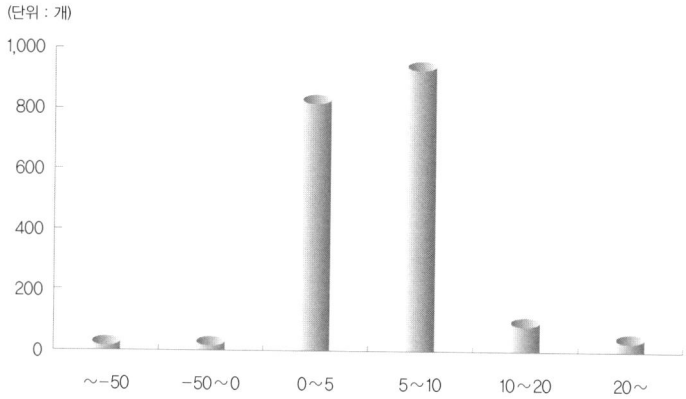

(단위 : 개)

- 주 : 조사대상은 시장개설(2003년)부터 2008년 2월26일까지 만기도래 공모형
- 자료 : 매일경제신문 2008년 2월28일 재인용

☑ 2007년 ELS 연간 상환수익률(평균) 추이

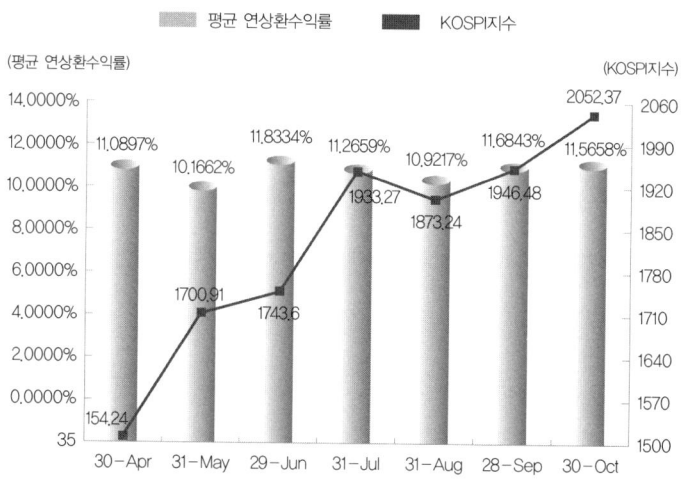

- 자료 : KIS채권평가

ELS에 대한 잘못된 상식
'바로 알아야 통(通)한다'

최근 ELS는 아는 사람은 다 아는, 펀드만큼이나 대중화된 금융상품이 됐다. 기초자산인 주가지수나 개별종목의 가격이 어느 정도 하락해도 정기예금 금리이상의 수익을 거둘 수 있다는 입소문이 나면서 많은 투자자들이 잇따라 투자에 나서고 있기 때문이다.

하지만 ELS는 복잡한 상품구조로 이뤄져 있어 증권사 객장에서 직원에게 설명 한두 번 듣고 이해할 만큼 쉬운 상품은 결코 아니다. 심지어 원금보장형 상품을 두고 100% 투자원금이 보장되는 것처럼 오해하는 투자자도 적잖은 실정이다. 상품구조가 복잡한 만큼 잘못된 상식으로 투자하는 경우가 그만큼 많기 때문이다.

ELS가 생소한 투자자산인만큼 이와 관련된 잘못된 오해와 속설도 많다. 일부특성이 지나치게 강조되면서 단면만 부각돼 이것이 고정관념으로 자리매김한 경우도 적잖다. 보다 일반화된 상품으로 눈높이가 낮춰지면 이런 오해들이야 자연히 해소되겠지만, 자칫 잘못된 상식이 지나친 수업료 지불로 이어질 수도 있다는 점에서 경계하는 게 바람직하다.

그렇다면 ELS와 관련된 잘못된 상식은 어떤 것들이 있을까.

⌇ 복잡한 상품구조 탓에 잘못된 오해와 속설들 부지기수

● 100% 원금보장?… 요즘 대세는 원금비보장형

2003년 ELS가 처음 도입됐을 당시 주로 출시되던 상품은 원금보장형 상품이었다. 이전엔 전혀 경험해보지 못했던 상품을 투자자들에게 어필하기 위해서는 아무래도 원금보장형을 들고 나올 수밖에 없었기 때문이다. 또 당시에는 국채 3년물 금리가 연 평균 4.5%대였기 때문에 국공채를 편입해 원금을 어느 정도 보장해주는 상품이 나올 수 있었다.

하지만 2004년 이후부터는 시중금리가 3.5%대로 떨어지면서 원금비보장형 상품이 대세를 이루고 있다. 최근 시중금리가 조금씩 오르면서 원금보장형 상품이 다소 늘어나기는 했지만 대세는 이미 원금비보장형이 장악하고 있는 형국이다.

ELS는 기초자산 가격이 어느 정도 하락해도 원금손실이 없다는 점에서 막연히 중위험·중수익(middle risk middle return) 상품으로 흔히들 인식한다. 하지만 결코 위험이 크지 않다고 말할 수 없는 상품이 또 ELS다. 즉 기초자산 가격이 크게 하락하는 경우에는 이에 따른 손실을 ELS 투자자가 고스란히 입을 수밖에 없다.

ELS의 구조에 따라서는 기초자산 가격이 크게 하락하지 않음에도 투자자가 거액의 원금손실을 볼 수도 있다. 뿐만 아니라 직접 투자할 때의 손절매, 물타기처럼 효율적인 손실방어수단도 미흡하다. 직접투자의 경우 기초자산 가격이 하락했을 때 원금회복 때까지 기다릴 수 있지만 ELS는 손실이 바로 확정될 수 있다.

또 조기상환 조건이 충족되지 않아 길게는 몇 년 동안 투자원금이 묶여 있다 결국 적잖은 손실을 보는 경우도 있다. 손실을 입은 후에 원금보장을 주장해봐야 소용없다. 판매사가 제시하는 투자설명서에는 다양한 조항을 통해 원금손실 가능성을 강조하고 있기 때문이다. 원금보장에 대한 지나친 고정관념은 결코 바람직하지 않다.

● **기초자산 숫자 많을수록 유리?… 충족시킬 조건만 더 까다로워**

대부분의 ELS는 하나가 아니라 두개 이상의 주가지수나 개별 종목을 기초자산으로 한다. 각 기초자산의 가격이 정해진 조건을 충족시킬 경우 발행 당시 제시한 수익률을 제공하는 식이다.

2003년 ELS가 처음 도입된 후 KOSPI200지수나 삼성전자 등 국내 우량주에 연계돼 출시되던 것이 최근 들어서는 국내지수뿐 아니라 NIKKEI225나 HSCEI 같은 해외지수나 다양한 국내외 개별 종목을 기초자산으로 조합한 ELS가 속속 출시되고 있다.

이 때문인지 기초자산이 많으면 안정성과 수익성 측면에서 유리하다고 생각하는 투자자들이 적잖은 것 같다. 일부 투자자들이 유리하다고 생각하는 이유는 기초자산이 많을수록 최고 수익률을 얻을 기회가 많아진다고 여기기 때문이다.

하지만 실제로는 그렇지 않은 경우가 대부분이다. 기초자산이 많아서 유리하려면 '기초자산 중 하나라도 조건을 충족시키면' 제시한 수익률을 지급하는 구조라야 한다. 현재 대부분 ELS의 수익구조는 '모든 기초자산이 정해진 조건을 만족시켜야' 수익을 얻을 수 있게 설계돼 있다. 이는 곧 복수의 기초자산 중 하나라도 조건에 어긋나면 높은 수익을 얻기 힘들다는 것을 의미한다.

특히 최근 많이 출시되는 스텝다운형 ELS의 경우 복수의 기초자산 가운데 어느 한 가지라도 일정수준 이상 떨어지면 하락률이 큰 종목을 기준으로 곧바로 손실이 확정되는 구조를 가진 경우가 많기 때문에 이를 염두에 두고 투자에 임해야 한다.

● 제시수익률 다 준다고?… 연간수익률엔 함정 있어

조기상환형 ELS의 경우 정해진 평가일에 일정조건을 충족하면 몇%의 수익률을 지급한다고 명시해놓고 있다. 가령 우리투자증권 WM ELS 1972호가 6개월 만에 기초자산인 POSCO와 KT 두 종목의 평가가격이 최초 기준가격의 90% 이상이라는 조건을 충족시킨 경우 조기상환 돼 투자원금의 19.0%에 해당하는 수익을 거둘 수 있다.

하지만 실제로는 투자자가 손에 넣을 수 있는 수익금이 투자원금의 19.0%에 해당하는 금액에 미치지 못한다. 여기서 말하는 19.0%의 수익률은 연간수익률로 ELS가 6개월 만에 조기상환 될 때 투자자가 얻는 수익은 실제 투자기간인 6개월에 해당하는 만큼 줄어들기 때문이다. 즉 연 19%의 수익률 가운데 절반(6개월분)인 9.5%만 수익금으로 얻는 셈이다.

ELS 상품조건에 나오는 연간수익률은 말 그대로 연간으로 환산되는 수익률이다. 따라서 상품설명서에 별도로 특정기간에 대한 수익률이 명시돼 있지 않으면 제시한 수익률은 조기상환이 아닌 연간기준이라고 봐야 한다.

● 변동성 높으면 좋다고?… 높은 변동은 고위험 의미할 수도

흔히 변동성이 클 때 제시하는 수익률이 크기 때문에 나올 수 있는 대표적인 오해다. 물론 증시 변동성이 클 때 가입하면 기대수익률이 높아지고 증권사에서 제시한 조건이 맞아떨어지면 그만큼 높은 수익을 실현할 수 있는 것이 사실이다.

하지만 산이 높으면 그만큼 골짜기도 깊은 법이다. 높은 수익을 실현할 가능성만큼 원금손실을 입을 수 있는 리스크도 그만큼 커진다는 사실을 잊어서는 안 된다. 변동성이 크다는 얘기는 크게 오를 수 있는 동시에 크게 떨어질 가능성도 내포된 것이며 아래로 변동성이 커지면 원금에서 손실이 발생할 위험도 그만큼 커지는 것을 의미한다.

변동성이 크면 ELS의 수익률을 높게 제시할 수 있기 때문에 그만큼 높은 수익을 올릴 가능성이 크다. 하지만 이때 수익을 올릴 확률이 높은 한편 기초자산 가격이 큰 폭으로 떨어지면 그만큼 원금손실이 발생할 수 있다는 점도 유념해야 한다.

직접투자 vs ELS '어떤 게 안전할까'

확 오를 땐 직접투자 유리… '떨어질 땐 ELS가 나을 수도'

ELS가 직접투자보다 안전하다고 이해하는 이들이 많다. 하락해도 일정부분 수익을 얻을 수 있는 조건 때문이다. 실제로 그럴까. ELS와 직접투자의 위험도는 같이 놓고 비교할 수 없다. 경우에 따라 답은 다르다. 기초자산의 주가 움직임과 ELS의 조건에 따라 전적으로 승자는 달라진다.

기초자산의 상승전망이 강할 때는 직접투자가 낫다. 녹아웃 ELS처럼 더 올라봐야 수익을 모두 얻지 못하기 때문에 차라리 직접 본인이 투자해 상승분만큼 모든 수익을 챙기는 게 나을 수 있어서다. 하지만 어중간한 수준의 상승전망이라면 ELS가 하락위험까지 커버하기 때문에 더 유리할 수도 있다.

즉 대개의 경우 ELS는 직접투자에 비해 위험부담을 낮출 수는 있다. 특히 떨어질 때의 방어능력이 좋다. 직접투자 때는 하락이 곧 손실을 의미하지만, ELS는 상품구조에 따라 일정부분의 하락정도는 원금보장을 통해 커버해주기 때문이다.

반대로 손실회복을 위한 시간싸움에선 ELS가 직접투자보다 불리하다. 직접투자야 기초자산 가격이 떨어져도 원금회복 때까지 버티겠다면 얼마든 버틸 수 있다. 하지만 ELS는 하락과 동시에 손실이 확정될 수 있다. 게다가 조기상환 조건이 충족되지 않으면 만기 때까지 투자원금이 묶일 수밖에 없다. 이것 또한 결국은 기회비용 차원에서의 손실이다. 그만큼 ELS의 상품구조와 투자성향을 잘 맞춰야 한다는 의미다.

ELS 투자실패 방지법
'첫 단추는 최대한 신중하게'

성공적인 ELS 투자를 위해서는 상품과 연계된 기초자산의 가격전망, 최근 출시되는 신상품의 동향을 잘 파악해야 한다. 특히 기초자산을 잘 파악하는 게 무엇보다 중요하다. ELS는 기초자산인 주가지수나 개별종목 가격에 연계돼 투자수익이 결정된다. 기초자산 가격이 일정수준에 도달하면 수익을 얻는 구조이기 때문에 주가지수 등락구간별로 수익률이 달라진다.

또한 기초자산이 두개 이상일 경우, 한 종목이라도 하락하면 원금손실을 볼 수 있다. 이를 위해서는 우선 기초자산에 대한 최근의 실적변화나 개별종목의 경우 회사상황을 체크하는 게 선행돼야 한다.

ELS는 주식형펀드와 달리 주가가 많이 오른다고 해서 오른 만큼 수익을 다 지급받는 것이 아니다. 때문에 개별종목에 투자하는 경우 주가가 많이 오를 수 있는 기초자산을 선택하는 것도 중요하지만 덜 빠질 종목을 편입하는 게 더 나을 수도 있다.

하지만 기초자산 가격의 움직임을 예측하기는 결코 쉬운 일이 아니다. ELS의 존재이유인 안정적 추가수익에 충실하자면 기초자산이 여러 개인 것보다는 하나인 것, 개별종목보다는 변동성이 낮은 지수로 구성된 상품에 투자하는 게 나을 것이다.

시장전망 → 조건검증 → 상품선택 순…
'기대수익은 시중금리+∂로'

따라서 성공적인 투자를 위해서는 향후 주식시장 전망부터 가늠한 후 해당 ELS 상품의 수익확정 조건, 원금보장 조건, 상환시기 등을 파악해 원금보장형을 선택할지 아니면 원금부분보장형이나 원금조건부보장형에 가입할지를 결정해야 한다.

강세장이 예상돼 최대한 높은 수익률을 거두면서 투자리스크는 낮추고 싶다면 '상승형 상품'을 선택하고, 최근처럼 주식시장이 조정국면에 들어섰을 때에는 주가가 적게 떨어질 때 수익을 내는 '하락형 상품'을 골라 가입하면 된다. 방향성 타진이 어렵다면 분산투자 차원에서 다른 방향의 ELS를 보유함으로써 위험을 더 낮추는 것도 권유된다.

원금손실 위험의 판정기준도 알아두면 도움이 된다. 상승형 ELS의 경우 다음 두 가지 요건을 모두 충족하면 원금손실이 발생한다. 첫째 ELS 만기 전까지 주가(장중주가 포함)가 '원금손실위험발생 배리어(ELS 발행당시 주가의 50~70% 수준)'를 한번이라도 하향 돌파했던 사실이 있어야 한다. 둘째 조기상환 되지 않은 ELS가 만기에 도달했을 때 주가가 '원금보장 배리어(통상 ELS 발행당시 주가의 85~100% 수준)'보다 낮은 수준에 있어야 한다. 이 둘이 충족되면 주가가 올라도 원금이 까질 수 있으니 조심해야 한다.

ELS에 대한 투자는 보수적이지도 않고 공격적이지도 않은 중도 성향의 투자자들이 활용하기에 적합한 상품이다. ELS는 설령 단기간에 주가가 급등해도 약정수익만 나오기 때문에, 큰 투자이익을 기대하긴 힘들다. 반면 주가가 떨어져도 어느 수준 이상 떨어지지만 않으면 약정수익을 챙길 수 있다. 위험부담을 덜 안고서도 은행금리나 채권이자율보다 높은 수익률을 얻을 수 있는 셈이다.

ELS 투자실패를 방지하는 방법은 무엇보다 보수적이고 신중한 투자를 진행하는 데 우선순위를 둬야 한다.

어쨌든 증시나 개별주가의 방향성 타진은 아주 어려운 과제다. 점쟁이가 아닌 이상에야 정확한 방향을 예측하기란 불가능에 가깝다. 가령 2008년 이후 펼쳐진 급락장세를 맞춘 이가 거의 없다는 것도 그만큼 지난한 과제라는 걸 뒷받침한다. 당연히 애초 전망에서 크게 벗어날수록 원금손실 구간에 들어간 ELS상품은 급증할 수밖에 없다.

〰 더 벌기보단 덜 잃기 바람직 '시장방향은 누구도 몰라'

특히 예상치 못했던 일이 벌어졌을 때 원금비보장형 ELS의 위험도는 급증한다. 오히려 직접 주식에 투자하는 것보다 리스크는 더 커진다. 한 종목의 위험을 떠안기도 벅찬데 기초자산이 2~3개인 ELS라면 하락위험을 모두 떠안아야 하기 때문이다. 원금손실이 나거나 날 것 같으면 재빨리 환매하는 것도 방법이긴 하지만, 환매수수료를 감안하면 그마저도 고민스런 결정이다.

모든 투자자산이란 게 다 그렇지만, 시장상황의 급격한 변화 앞에 웃을 수 있는 상품은 극소수에 불과하다. 이때 웃으려면 일반적인 시장흐름과 정반대에 서거나 꿋꿋이 소신투자를 할 수 있는 투자심리의 정복이 필수다. 남들이 피눈물 흘릴 때 기꺼이 목돈을 넣을 수 있는 대범함과 소신이 필요하다.

따라서 ELS에 투자할 때도 늘 긴장의 끈을 놓아선 안 된다. 어차피 방향성 전망이나 소신투자가 어렵다고 느껴지면 최대한 방어적 자세로 시장에 들어가는 게 현명하다. 시장분위기와 속설만 믿고 투자했다 자칫 낭패를 당하느니 미리부터 방어막을 세워놓고 천천히 신중하게 접근하는 게 좋다.

🖊➡✏ 부자들이 ELS를 선호하는 이유

욕심 버린 부자들 'ELS 투자 늘려 늘려!'

최근 국내증시를 비롯한 금융시장의 변동성이 커지면서 고액자산가들의 관심도 다소 달라지는 분위기다. 불확실한 장세가 이어지면서 고액자산가들의 관심은 주식 개별종목에 대한 직접투자나 펀드투자보다 비교적 안정성이 높음에도 불구하고 상대적으로 높은 수익률을 거둘 수 있는 ELS에 쏠리고 있다.

자산 불리기보다는 자산 지키기를 선호하는 부자들로서는 변동장세 지속에 따른 리스크는 줄이는 대신 일정정도의 수익은 올릴 수 있으니 ELS를 마다할 이유가 없는 셈이다. 덜 먹어도 지킬 수 있는 자산에 대한 선호도 증가다.

이런 현상은 부자고객들을 상대하는 은행, 증권사 등 일선 금융기관의 PB센터에서 조금씩 감지되고 있는데 가장 문의가 많고 가입이 늘고 있는 상품이 바로 안정적인 수익을 올릴 수 있는 ELS와 ELF이다. 특히 강남부자들은 ELS를 가장 선호하고 있는 것으로 알려졌다.

그 중에서도 가입 후 1년이 지난 시점에 주가가 기준가 대비 30% 이상 하락하지 않으면 10% 내외의 수익률을 거둘 수 있는 상품에 대한 선호도가 가장 높다. 여기에 기초자산이 우량한 종목으로 편입된 ELS만을 선호하는 것도 요즘 부자들의 또 다른 경향이다. 신중하고 보수적인 접근인 셈이다.

불확실한 장세가 지속되는 가운데 최근 들어 큰 욕심 부리지 않고 작은 수익이라도 안정적으로 가져가겠다는 이들 고액자산가들의 안정 지향적 경향을 여실히 보여주는 것이라 할 수 있다.

PART III

미래투자의 선두주자 'ELS만 알면 재테크 끝!'

- 일상적인 구조진화 '살아 움직이는 ELS의 유연성'
- 신형ELS 봇물 '고객이 원할 때까지 변신하라!'
- ELS 해외사례 '뒤지는 만큼 성장기회 무궁무진'
- ELS 부각조건 '시장 안정될수록 인기확산 예감'
- 명품 ELS 선정기준 '재고 따지고 묻고 맞춰라!'
- 미래전망 'ELS가 뜰 수밖에 없는 여러 이유'

일상적인 구조진화
'살아 움직이는 ELS의 유연성'

유행이라는 건 언제나 바뀌기 마련이다. 여성들이 입는 스커트만 하더라도 유행에 따라 그 길이가 짧아졌다 길어졌다를 반복하고, 싱글과 더블 두 종류만 있던 남성정장도 언젠가부터 단추가 셋인 쓰리버튼이 주류를 이루더니 최근 들어서는 포버튼까지 등장해 첨단유행을 선도하고 있다.

의류를 예로 들었지만 금융상품 또한 변화가 많기는 예외가 아니다. CMA, 적립식펀드, 변액보험 등은 90년대만 해도 우리나라 국민이 전혀 접해보지 못했다. 2000년 이후에 등장한 극히 새로운 개념의 금융상품들이다.

물론 여기에 ELS, ELD, ELF, ELW 등 주가연계상품도 빼놓을 수 없다. 특히 ELS는 지난 2003년 제도가 도입된 이후 복잡한 상품구조만큼이나 변화도 무궁무진했다. ELS의 진화야말로 일상다반사인 셈이다.

지금 이 순간에도 ELS는 변하고 있다. 고전적인 ELS의 상품구조만 생각한다면 성공투자가 곤란하다. 하루가 달리 ELS를 둘러싼 구조적 첨삭이 이뤄지고 있어서다. 최고의 실력을 지닌 다수의 금융공학 전문가들이 늘 새로운 유형의 ELS 개발에 매진하고 있다는 점에서 ELS에 대한 꾸준한 분석과 관심은 필수다.

원금비보장형의 득세 '20%대의 고수익 추구경향 반영'

ELS가 처음 도입됐을 때만 해도 대부분의 상품은 주가가 일정 범위에서 상승하면 수익이 발생하는 단순한 구조로 설계됐다. 기초자산도 한 종목으로만 설정되는 경우가 많았다.

이 때문에 주가가 하락하면 손실을 보기도 해 한때 투자자들로부터 냉정한 외면을 받기도 했다. 이후 수익률은 좀 낮지만 주가가 어느 정도 하락해도 수익을 내는 원금보장형 상품이 등장하면서 안전성향의 투자자들을 중심으로 다시 인기를 회복하며 한때 대세를 이루기도 했다.

하지만 최근 들어 증권사들이 내놓고 있는 ELS를 보면 목표수익률이 20% 이상인 원금비보장형 상품이 눈에 띄게 많이 보인다. 이들 상품은 대부분 목표수익률이 높은 만큼 원금손실 가능성도 높은 원금비보장형 상품인데도 불구하고 출시와 판매가 늘고 있는 것이다.

일례로 2008년 7월1일부터 18일까지 15개 증권사가 출시해 판매한 58개 ELS를 보면 원금비보장형 상품은 전체의 84.5%인 49개에 이른다. 이중 목표수익률이 20% 이상인 고수익 추구형도 18개나 된다. 반면 원금보장형 상품은 9개에 그쳤다.

이처럼 원금비보장형 상품이 늘고 있는 것은 바로 ELS 투자자들이 원금보장형보다는 고수익추구 상품을 선호하는 경향을 보이고 있기 때문이다. 그래서인지 한 증권사가 원금보장형 상품과 원금비보장형 상품을 동시에 출시해도 원금비보장형 상품은 대부분 공모예정금액 이상 청약이 이뤄지는 반면 원금보장형 상품은 미달되기 일쑤다. 잃을 수는 있을지언정 더 벌 수 있는 고위험·고수익 자산에 대한 인기를 반영한 결과다.

실제 고수익으로 조기에 상환되는 경우도 늘고 있다. 이것이 다른 투자자들이 한층 원금비보장형 ELS로 몰리게끔 유도하는 결과를 낳고 있다. 안전성향의 투자자들까지 원금비보장형 ELS에 관심을 갖도록 부추기는 것이다.

2008년 4월30일 포스코와 하이닉스를 기초자산으로 설정·발행된 지 3일 만에 연 20%의 수익률로 조기상환 된 우리투자증권의 ELS1880호가 대표적인 사례다. 이보다 빠른 4월18일에는 유진투자증권이 KOSPI200과 HSCEI를 기초자산으로 발행한 제36회차 ELS가 1주일 만에 연 15%의 수익률로 조기상환 되기도 했다.

발행된 지 하루 만에 조기상환에 성공한 상품도 있다. 우리투자증권이 4월15일부터 18일까지 ELS1880호와 비슷한 조건으로 판매한 ELS1833호(포스코와 하이닉스를 기초자산으로 설정)가 대표적이다. 이들 두 종목은 발행(20일)된 지 하루 만(21일)에 주가가 종가기준으로 동시에 2% 이상 상승해 연 20%의 수익률 지급이 확정됐다.

물론 원금보장형 상품에도 변화가 있었다. 과거에는 원금보장형 ELS의 목표수익률이 10% 미만으로 제시됐던 게 대부분이었다. 하지만 최근 들어 출시되는 상품은 10~15%대가 주류를 이루고 있다. 원금을 보장하면서도 목표수익이 높지 않으면 고객들로부터 외면 받을 것이란 위기감이 반영된 결과다.

☑ 2008년 7월 출시 ELS 현황

발행사	상품명	기초자산	만기	목표수익률	판매기간
한국투자증권	부자아빠 ELS 496회 (원금비보장형)	LG전자, 삼성중공업	1년	20%	7.1~7.3
	부자아빠 ELS 497회 (원금비보장형)	HSCEI, 현대중공업	1년	20.01%	7.1~7.3
	부자아빠 ELS 498회 (원금보장형)	SK텔레콤, 현대중공업	3년	12%	7.1~7.3
	부자아빠 ELS 499회 (원금비보장형)	KOSPI200, HSCEI	2년	17.01%	7.1~7.3
SK증권	SK증권 제9회 ELS(원금비보장형)	LG, 한화	3년	22.5%	7.1~7.3
	SK증권 제10회 ELS(원금비보장형)	대한항공, LG전자	2년	20%	7.1~7.3
	SK증권 제11회 ELS(원금비보장형)	하이닉스, NHN	1년	18%	7.1~7.3
동부증권	동부증권 ELS 제50회 (원금비보장형)	삼성화재, 동양제철화학	1년	22%	7.1~7.4
동양종금증권	동양 MYSTAR ELS 제34호(원금비보장형)	삼성전자, 현대자동차	1년	15.7%	7.2~7.3
	동양 MYSTAR ELS 제35호(원금비보장형)	삼성전자, 현대자동차	1년	12%	7.2~7.3
	동양 MYSTAR ELS 제36호(원금비보장형)	KOSPI200, HSCEI	1년	15%	7.2~7.3
	동양 MYSTAR ELS 제37호(원금비보장형)	KOSPI200, HSCEI	1년	13.02%	7.2~7.3
	동양 MYSTAR ELS 제38호(원금비보장형)	KOSPI200, HSCEI	6월	14%	7.2~7.3
	동양 MYSTAR ELS 제39호(원금비보장형)	KOSPI200, HSCEI	6월	12.6%	7.2~7.3
유진투자증권	유진투자증권 ELS 제63회(원금비보장형)	LG전자, 삼성중공업	1년	22.05%	7.2~7.4

발행사	상품명	기초자산	만기	목표수익률	판매기간
유진투자증권	유진투자증권 ELS 제65회(원금비보장형)	삼성전자, HSCEI	1년	19.5%	7.7~7.9
	유진투자증권 ELS 제66회(원금보장형)	삼성전자, 포스코	2년	10.2%	7.7~7.9
한국투자증권	부자아빠 ELS 500회(원금비보장형)	KOSPI200, HSCEI	2년	21%	7.4~7.9
	부자아빠 ELS 501회(원금비보장형)	SK에너지, LG화학	1년	25.4%	7.4~7.10
	부자아빠 ELS 502회(원금비보장형)	삼성SDI, 대한항공	1년	21.5%	7.4~7.10
	부자아빠 ELS 503회(원금비보장형)	LG전자, GS건설	2년	20.2%	7.4~7.10
	부자아빠 ELS 504회(원금비보장형)	HSCEI, 대우조선해양	1년	29.01%	7.4~7.10
	부자아빠 ELS 505회(원금보장형)	삼성전자, 현대중공업	3년	13.6%	7.4~7.10
메리츠증권	메리츠 ELS 118회 (원금비보장형)	삼성화재, 포스코	1년	20%	7.7~7.10
미래에셋증권	미래에셋 ELS 제467회 (원금보장형)	KOSPI200	1년	6.5%	7.7~7.10
	미래에셋 ELS 제468회 (원금비보장형)	KOSPI200	1년	11.4%	7.7~7.10
	미래에셋 ELS 제469회 (원금비보장형)	KOSPI200, HSCEI	6월	11.2%	7.7~7.10
	미래에셋 ELS 제470회 (원금비보장형)	KOSPI200, HSCEI	2년	16%	7.7~7.10
	미래에셋 ELS 제471회 (원금비보장형)	삼성전자, 현대중공업	3년	16%	7.7~7.10
대우증권	제2591회 조기상환형 ELS(원금비보장형)	HSCEI	1년	17%	7.8~7.9
	제2592회 조기상환형 ELS(원금비보장형)	KOSPI200, HSCEI	2년	19.5%	7.8~7.9

발행사	상품명	기초자산	만기	목표수익률	판매기간
대우증권	제2593회 조기상환형 ELS(원금비보장형)	GS, 대우조선해양	1년	21%	7.8~7.9
	제2594회 조기상환형 ELS(원금비보장형)	대한항공, 한화	1년	18%	7.8~7.9
	제2595회 조기상환형 ELS(원금비보장형)	기업은행, 삼성전자	3년	16%	7.8~7.9
	제2596회 조기상환형 ELS(원금보장형)	KOSPI200	3년	8.4%	7.8~7.9
한화증권	한화 스마트 ELS 42호(원금비보장형)	삼성전자, LG화학	6월	19%	7.8~7.9
우리투자 증권	WM ELS 2077호 (원금비보장형)	KOSPI200, 삼성전자	1년	10.2%	7.8~7.10
	WM ELS 2078호 (원금비보장형)	KOSPI200, HSCEI	2년	18%	7.8~7.10
	WM ELS 2079호 (원금비보장형)	삼성전자, KT	3년	17.6%	7.8~7.10
	Global ELS 58호 (원금비보장형)	NIKKEI225, HSCEI	2년	20%	7.8~7.10
	Global ELS 59호 (원금비보장형)	HSCEI	2년	16%	7.8~7.10
	Global ELS 60호 (원금보장형)	NIKKEI225, HSCEI	3년	10.2%	7.8~7.10
대신증권	대신 ELS 630호 (원금비보장형)	포스코, LG전자	2년	18%	7.9~7.11
	대신 ELS 631호 (원금비보장형)	LG화학, 현대자동차	2년	20.1%	7.9~7.11
	대신 ELS 632호 (원금보장형)	삼성전자, 포스코	3년	12%	7.9~7.11
삼성증권	ELS 제2052회 (원금비보장형)	KOSPI200	1년	10%	7.9~7.15
	ELS 제2053회 (원금비보장형)	LG전자, LG화학	3년	22.2%	7.9~7.15

발행사	상품명	기초자산	만기	목표수익률	판매기간
신영증권	신영ELS 1052호 (원금보장형)	LG전자, S-Oil	2년	13%	7.10~7.11
	신영ELS 1053호 (원금비보장형)	KOSPI200	1년	11.50%	7.10~7.11
	신영ELS 1054호 (원금비보장형)	KOSPI200, HSCEI	6월	14%	7.10~7.11
	신영ELS 1055호 (원금비보장형)	삼성전자, 현대제철	3년	16%	7.10~7.11
현대증권	현대히어로ELS 292호(원금보장형)	KOSPI200	1년	4~19%	7.10~7.14
	현대히어로ELS 293호(원금비보장형)	KOSPI200, 삼성전자	2년	16%	7.10~7.14
	현대히어로ELS 294호(원금비보장형)	KOSPI200, HSCEI	6월	14%	7.10~7.14
	현대히어로ELS 295호(원금비보장형)	삼성중공업, LG전자	1년	20%	7.10~7.14
	현대히어로ELS 296호(원금비보장형)	포스코, 한화	2년	20%	7.10~7.14
동부증권	동부증권 ELS 제52회(원금비보장형)	삼성화재, HSCEI	1년	22.02%	7.15~7.18
	동부증권 ELS 제53회(원금비보장형)	KOSPI200	1년	13.5%	7.15~7.18

• 주 : 기간은 2008년 7월1~18일

✎ ➡ ✗ 짧아지는 ELS 만기

6개월짜리도 등장 '늘어나는 불확실성을 줄여라!'

최근 발행되는 거의 모든 상품은 발행된 후 시간이 지나 조기상환 조건이 뒤로 갈수록 낮아지는 스텝다운형이 주류를 이루고 있다. 10년 전 있었던 IMF 외환위기 사태나 2007년 8월 전 세계 금융시장을 강타한 서브프라임 모기지 사태와 같은 초대형 변수로 인해 주가가 급락하는 경우만 아니라면 당초 약정된 수익이 확정되면서 조기상환 또한 가능하다.

2008년 이후 국내증시가 약세를 면치 못하고 있는 상황이 계속 이어지면서 주가가 일정수준 이상 떨어지지 않으면 수익이 발생한다는 점은 투자자들에게 분명 매력적인 부분이 아닐 수 없다.

또한 만기기간도 짧아지는 경향을 보이고 있다. 2007년까지만 해도 만기 2~3년짜리 상품이 주종을 이뤘던 것에 비해 2008년 들어서는 만기 1~2년짜리로 점차 무게중심이 옮겨가고 있다. 심지어는 6개월짜리 초단기 상품도 잇따라 등장하고 있다.

이는 스텝다운형 상품이 대세를 이루는 것과 같은 맥락으로 증시에 대한 불확실성이 높아지자 이를 제거할 목적으로 기간을 짧게 가져가려는 경향을 반영하고 있기 때문이라는 분석이 나오고 있다.

신형ELS 봇물
'고객이 원할 때까지 변신하라!'

미래 자산시장의 총아답게 ELS의 변신은 현재진행형이다. 금융공학이 발전하면서 얼마든 새로운 유형의 자산설계가 가능해진 덕분이다. 원금비보장형의 득세와 기대수익률의 상향조정 등 시장요구가 그때그때 ELS에 반영될 수 있는 것도 그만큼 까다로워진 고객입맛을 만족시킨다는 점에서 ELS의 투자메리트를 높이는 주요요인이다.

최근 ELS시장의 대표적인 인기상품은 앞서 설명대로 단연 원금비보장형이다. 와중에 타깃고객을 개인투자자에게 맞춘 ELS도 급증하는 추세다. 그전까지만 해도 실상은 판매사 입장에서는 푼 돈에 불과한 개인투자자들보단 큰손인 기관투자가들을 대상으로 한 ELS가 많이 출시됐다. 비교적 돈이 되는데다 고객관리도 용이해서다.

📈 쏟아지는 신형ELS '소액사모 · 해외지수 편입상품 등장'

하지만 요즘엔 개인투자자를 위한 소액의 사모형 ELS가 늘고 있는 점도 또 다른 트렌드 중 하나다. 사모형 ELS는 2008년 들어 6월말까지 10조1,000억원 가량 판매됐다. 같은 기간 전체 ELS 판매량이 총 13조2,700억원인 점을 감안하면 사모형 상품의 판매비중이 3/4 수준을 넘는 76.0%에 이르고 있음을 알 수 있다.

공모형 ELS는 3조2,000억원 판매에 그쳤다. 과거 사모형 ELS는 기관투자가들 몫이었지만 2007년 말 이후 거액 자산가를 비롯한 개인투자자들을 위한 상품이 증가하면서 상품 수도 많아지고 있다. 케이스마다 다르긴 하지만 대략 50명 가량의 고객만 모을 수 있다면 개인투자자의 특정성향을 반영한 맞춤형 ELS를 만들 수 있기 때문이다. 따라서 부자고객을 관리하기 위한 용도로 ELS를 활용하는 금융기관도 적잖다.

ELS 투자 때 가장 중요한 부분인 기초자산에도 조금씩 변화의 조짐이 엿보인다. 2007년에 이어 2008년에도 기초자산이 두 개인 투스타형이 대세를 이루고 있다. 이런 가운데 시간이 갈수록 개별주식과 국내의 KOSPI200지수는 물론 NIKKEI225(일본), HSCEI(중국), TSE REITs(일본) 등 해외지수가 편입된 상품들이 쏟아지고 있다.

일례로 우리투자증권이 ELS 시장진출 5년을 기념해 2008년 6월 17일부터 19일까지 출시, 판매한 ELS 2000호는 KOSPI200지수와 HSCEI를 기초자산으로 하는 만기 2년짜리 상품이다. 한국투자증권이 7월 초에 출시한 만기 1년짜리 부자아빠 ELS 497회도 기초자산은 현대중공업과 HSCEI를 편입했다.

아예 해외지수만을 기초자산으로 편입한 글로벌 ELS도 나오기 시작했다. 우리투자증권이 7월8일 NIKKEI225와 HSCEI를 기초자산으로 편입해 출시한 만기 2년짜리 Global ELS 58호가 대표적이다.

또 미래에셋증권은 2007년 12월 러시아 주가지수와 남아프리카공화국 주가지수를 기초자산으로 한 ELS 260호를 내놓아 화제를 모으기도 했다. 이전에도 해외지수 가운데 NIKKEI225나 HSCEI를 기초자산으로 편입한 ELS는 여럿 있었지만, 러시아와

남아공의 지수를 기초자산으로, 그것도 한꺼번에 편입하기는 이 상품이 처음이었기 때문이다.

해외지수뿐만 아니라 해외기업의 주식을 기초자산으로 하는

☑ 최근 ELS 기초자산에 편입되고 있는 해외지수

구분	내용
NIKKEI225	니혼게이자이신문사가 도쿄증권거래소 1부시장에 상장된 주식 가운데 대표적인 225개 종목의 시장가격을 평균해 산출하는 주가지수. 니혼게이자이신문사가 산출한다고 해 '닛케이(日經)'라고 부르며, 닛케이 평균지수를 구성하는 주식들의 시가총액은 도쿄증권거래소 1부시장에 상장된 주식들의 시가총액의 약 60%를 차지하고 있다.
HSCEI (항셍지수 중국기업지수)	Hang Seng China Enterprises Index의 약자로 홍콩증권거래소에 상장돼 있는 중국기업주식 대표 우량주 34개로 구성된 지수. 중국과 관련된 여타지수에 비해 투명성이 상대적으로 높고 에너지·소재·산업재 등의 업종이 차지하는 비중이 높아 중국경제의 성장동력을 가장 잘 반영하고 있는 지수로 알려져 있다.
RICI(로저스 인터내셔널 커머더티 인덱스)	Rogers International Commodity Index의 약자로 상품투자의 귀재로 알려진 짐 로저스가 지난 1998년 개발해 발표한 지수. 총 36개 종목(에너지 44%, 농산물 35%, 금속 21%)으로 구성돼 있다.
TSE REITs(도쿄증권 거래소 리츠지수)	Tokyo Stock Exchange REIT Index의 약자로 도쿄증권거래소에 상장된 총 39종목의 REITs 상품을 대상으로 구성한 지수.
S&P500	미국의 신용평가사인 스탠다드앤푸어스(Standard & Poor's)가 뉴욕증권거래소와 나스닥에 상장된 기업 중 시가총액이 크고 거래량이 많은 대형우량기업 500개사의 주가를 합산해 산출한 지수.
DJ EuroStoxx50(다우 존스 유로스탁50지수)	독일, 영국, 프랑스 등 17개 서유럽 국가의 대표우량주 50종목으로 구성된 지수.

글로벌 ELS도 투자자들에게 선보였다. 대우증권이 2008년 6월에 출시한 글로벌IB바스켓ELS는 뉴욕증권거래소에 상장된 골드만삭스, 메릴린치, 모건스탠리, 씨티그룹, JP모건 등 글로벌 투자은행의 보통주 등을 기초자산으로 하는 첫 상품이다.

또한 2007년 3월 부산은행이 판매했던 글로벌대표5star연계 ELS펀드는 한국(삼성전자), 미국(애플컴퓨터), 일본(소니), 중국(차이나모바일), 핀란드(노키아) 등 5개국의 대표적 초우량 기업의 주식을 기초자산으로 설정한 상품으로 관심을 모았다.

탄탄한 성장호재 '선진국 시장일수록 ELS 더 부각'

최대 전성기였던 2007년을 필두로 ELS시장은 급격히 성장 중이다. 현재 총 17개 증권사가 ELS를 포함한 장외파생상품을 만들 수 있다. 하지만 여기에 속하지 않는 증권사도 ELS를 기초자산으로 한 ELF(주가연계펀드)를 팔고 있어 실질적으로 모든 증권사들이 유사한 상품을 팔고 있다고 해도 지나치지 않다.

ELS가 인기몰이를 하고 있는 가장 큰 이유는 특유의 매력적인 자산성격 때문이다. 증권사의 광고코멘트처럼 불확실성에 따른 위험은 통제하면서 수익도 올릴 수 있는 상품이란 인식이 일단 한몫했다. 특히 글로벌 경기침체와 증시하락이라는 불황장세에 직면한 투자자들에게 ELS야말로 잘만 고르면 꿩 먹고 알 먹는 알짜자산이란 평가가 많다.

게다가 상품종류와 숫자도 다양해 개별성향에 맞춘 안성맞춤형 ELS를 고를 수 있다는 점도 고무적이다. ELS는 복제가 쉬운 상품이다. 상품내용이 엇비슷한 이유도 잘 팔리는 ELS라면 누구나 쉽게 베낄 수 있기 때문이다. 미래시장을 둘러싼 예측능력이 좀 떨어져도 승률이 비교적 높다는 것도 메리트 중 하나다. 최근 강남부자들을 비롯해 개인 큰손들이 사모형 ELS를 사들이고 있는 게 그 증거다. 고객이 원하고 판매사도 돈이 되니 상품이 인기를 끄는 건 당연한 결과다.

무엇보다 ELS는 다가올 미래 자산시장의 환경적 재료와 궁합이 맞다. 원래 대부분의 ELS는 저금리 상황에서 증시가 활황이면 아주 만족스런 결과를 내기가 쉽다. 2007년 ELS가 독보적인 투자자산으로 부각된 이유도 여기에 있다. 하지만 2008년 이후 시중금리가 오르고 증시가 불황트랙에 빠지면서 고전하는 ELS도 적잖은 게 사실이다.

그럼에도 불구, ELS의 상황적 호재인 저금리는 피할 수 없는 대세다. 경제구조가 안정적인 선진국의 경우 금리가 낮아지는 게 일반적인 현상이다. 최근 물가급등 등의 요인으로 금리가 오름세로 돌아섰지만, 계속 유지될 확률이 낮은 이유다. 증시불황 역시 장기로 봤을 때 언젠가는 오를 수밖에 없다는 게 정설이다. 따라서 위기일 수도 있는 현재가 오히려 ELS의 투자적기일 수도 있다는 결론이 도출된다. 게다가 주가하락 때조차 수익을 내는 ELS상품도 많아 투자자들의 관심은 계속될 수밖에 없다.

ELS의 향후 시장성은 합격점 이상이다. 고객들의 접근성이 높아지고 투자 다양성이 보다 확보되면 포트폴리오를 위한 일상적인 투자자산 중 하나로 승격될 확률이 높다. 고객과 판매사 모두가 원원할 수 있다는 점도 시장성장을 뒷받침하는 주된 근거. 성공하는 투자자라면 ELS를 관심권 안에 둘 수밖에 없는 상황인 것이다.

ELS 해외사례 '뒤지는 만큼
성장기회 무궁무진'

한국에 한정할 경우 ELS는 분명 생소한 투자자산이다. 한국의 경우 2003년부터 발행·판매가 허용됐으니 역사로 따지면 고작 5년에 불과하다. 일반적인 투자자라면 듣도 보도 못한 신종 자산일 수밖에 없다. 다행히 2004년 이후 유례없는 강세장이 펼쳐진 덕분에 맞춤형 투자자산인 ELS에 대한 관심과 편입비중 증가세도 늘고 있지만, 절대수치로는 여전히 틈새자산에 머물고 있다.

하지만 금융선진국에선 일찌감치 보편적인 투자자산으로 정착된 분위기다. 몇몇 금융선진국 ELS의 경우 폭발적인 증가세와 더불어 일반가계의 포트폴리오를 구성하는 핵심자산 중 하나로 인정받을 만큼 눈높이가 대중화된 금융상품에 속한다. 부동산자산의 일극편중적인 한국가계와 달리 펀드자체에 대한 보유비중이 높은 까닭에 이 범주에 속하는 ELS 역시 후광효과를 입고 있는 셈이다.

선진국에선 보편적 투자자산 '벤치마킹 기회 많아'

한국의 ELS시장도 실은 외국파워가 상당하다. ELS의 상당수가 외국계 증권사의 특정상품을 도입했거나, 벤치마킹 혹은 복제했기 때문이다. 외국계 ELS를 그대로 들고 와 팔고 있는 경우도 비일비재하다. 업계에 따르면 ELS 판매규모의 20% 정도만 'Made in Korea'일뿐, 나머지는 외국 ELS를 갖고 와 판매한 것으로 추정된다. 도매에서 물건을 떼다 파는 소매점에 불과하다는 평가가 나오는 이유다.

바꿔 말해 한국의 ELS시장은 여전히 후진적이란 의미다. 물론 최근 토종업체의 신종 금융상품 개발능력이 상당히 업그레이드 되긴 했지만, 여전히 미국 · 유럽 등 금융선진국에 비하면 열악한 실정이다. 특히 파생상품을 비롯한 첨단 소프트웨어 개발능력 제고를 위한 환경개선이 시급한 과제다.

국내에서는 통상적으로 주가연계증권을 ELS라 지칭한다. 하지만 애초 주가연계증권을 도입할 당시 한국정부는 이 신종 유가증권의 허용방안을 검토할 때 ELN(Equity Linked Note)이란 용어를 사용했다. 이 결과 한동안 국내 각종매체에서 한시적으로 ELN으로 통일돼 표현되기도 했다. 지금은 주가연계증권을 뜻하는 용어는 ELS(Equity Linked Securities)로 압축 · 사용되고 있다.

하지만 같은 주가연계증권이라 해도 나라마다 표기법은 다르다. 미국과 유럽에서는 ELN이란 용어로 주로 쓴다. 홍콩에서는 ELI(Equity Linked Instruments)로 표기된다. 최근 해외지수를 편입하는 등 국내시장의 ELS도 다양화되고 있지만, 그간 국내에서 출시된 대부분 ELS 상품의 기초자산은 주가지수와 주식 개별종목으로 구성됐다.

반면 홍콩 등 다른 아시아 주요시장만 해도 좀 더 발전된 형태의 기초자산이 개발돼 인기를 끌고 있다. 일반펀드는 물론 헤지펀드까지 새로운 형태의 기초자산으로 삼고 있을 정도로 상품개발에 유연하다. 이들 새로운 유형의 주가연계증권을 개발 · 판매 중인 투자은행의 수익구조도 덩달아 좋아지고 있다. 높은 인기 속에 거래가 활발해진 덕분이다.

홍콩을 비롯한 아시아 시장에서 인기가 높아지고 있는 ELS의 기초자산으로 우선 펀드를 들 수 있다. 가장 쉽게 접할 수 있는 주식형이나 채권형, 혼합형뿐만 아니라 일반투자자들이 접근하기 어려운 사모형 펀드까지도 기초자산으로 활용하는 ELS가 대거 판매 중이다. 헤지펀드 또한 아직 우리나라에서는 생소하고 투자도 한정돼 있긴 하지만, 아시아 및 세계 각국의 ELS시장에서는 이를 기초자산으로 하는 상품이 많이 개발돼 판매되고 있다.

우선 미국의 ELN상품 중 대표적인 것을 살펴보자. 먼저 MITTS(Market Index Target-Term Securities)가 있다. 92년 메릴린치에 의해 개발된 S&P500 MITTS가 원조다. 구조적 특징으로 보면 투자손실을 일정수준으로 제한하면서 주가상승(또는 주가지수 상승, 특정지수 또는 증권바스켓 가치상승)으로 인한 이익을 어느 정도 향유할 수 있는 기회가 부여된다. 다우존스산업평균지수를 활용한 MITTS가 선두상품이다.

모건스탠리가 발행한 ELN도 있다. 주가지수 하락 때 원금보장을 제공하는 대신 주가지수 상승 시 참가율을 1미만으로 감소시킨 구조적 특징을 갖고 있다. 또 주가지수 상승 때 투자수익에 상한이 존재하지 않는다는 특징을 갖고 있다. 상품케이스로는 닛케이지수를 활용한 ELN이 있다.

이자율이 주가지수에 연동되는 방식도 있다. Index Range

Accrual Notes가 그렇다. 즉 사전에 주가지수 상한과 하한을 정하고 만기까지 총 거래일수 중 주가지수가 이 범위에 들어오는 일수의 비율에 따라 이자율이 결정된다. 이때 지정된 대상지수의 상한과 하한을 이자발생구간(Accrual Range)이라 한다. Bank of America가 발행한 ELN이 대표적이다.

똑같은 ELS인데 '미국은 ELN, 홍콩은 ELI'

주가연계증권의 아시아시장 대표주자인 홍콩의 경우 이들 금융상품은 앞서 설명처럼 주가연계투자대상(Equity-linked Instrument, ELI)으로 통칭된다. 주가연계채권(ELN)이나 주가연계예금(ELD), 주가연계계약(ELC) 등이 여기에 포함된다. 홍콩증권거래소에 상장된 ELN은 Bull ELI, Bear ELI, Range ELI 등이 있다.

Bull ELI는 시장이 상승세를 취할 것으로 예상될 때 고려되는 투자대상이다. 원금비보장형 상품이다. 만기 결제행태는 현금·주식수취가 가능하고, 풋옵션 매도와 같은 투자수익 구조를 가진다. 만기 때 기초주식 가격이 행사가격과 같거나 높으면 ELI의 액면금액을 현금으로 받게 된다(투자원금＋이자).

Bear ELI는 시장이 하향세를 띨 것으로 예상될 때 권유된다. 만기 결제행태는 현금이며 콜옵션 매도와 같은 구조를 띤다. 만기 때 기초주식 가격이 행사가격보다 낮을 경우 투자원금과 이자를 포함한 ELI의 액면금액을 받게 된다.

Range ELI는 향후의 시장움직임이 거의 없는 중립적 상황일 때 투자대상이다. 오르지도, 내리지도 않는 중간정도의 시장변동성이 예측될 때 유리하다. 만기 기초주식의 가격이 두 행사가격(Lower, Upper) 범위에 들어갈 경우 ELI의 액면금액을 현금으로 받는다. 만기 기초주식 가격이 최고 행사가격과 같거나 웃돌면 애초에 정한 특정 공식에 따라 현금을 수취한다.

주가연계증권 관련한 관심 언론보도

은행도 다음 달 초부터 ELN 판매

다음 달 초부터는 은행도 주가연계증권(ELN)을 판매할 수 있게 된다. 재정경제부는 24일 "은행이 신탁자금으로 운용할 수 있는 유가증권의 범위에 ELN을 포함시키기로 했다"며 "신탁업법 시행규칙을 개정해 다음 달 초부터 시행에 들어갈 계획"이라고 말했다. ELN(Equity Linked Note)은 원금의 대부분을 안정적인 채권에 투자하고 나머지를 주가지수선물, 옵션 등에 투자하는 '원금보전형' 주식상품으로 지난 10일부터 증권사와 투신사를 통해 판매되고 있다. 〈중략〉

― 출처: 연합뉴스(2003. 3.24)

미국 약세장에서 주가연계채권 '인기몰이'

미국 주식시장이 약세장에서 벗어나지 못하고 있는 가운데 주가연계채권(ELN)이 인기를 끌고 있다고 월스트리트저널(WSJ)이 8일 보도했다. 주가연계채권은 주가가 하락할 경우 원금은 지급하되 오를 경우 상승분을 투자자와 판매자가 함께 나누는 원금보존형 파생 주식상품. 원금 손실을 원치 않으면서도 주식시장에 발을 빼고 싶지 않은 투자자에게 인기가 있다. 주가연계채권은 아메리칸증권거래소(AMEX)에 주로 상장돼 있으며 대형 월가 기관들이 발행하고 있다. 모건스탠리는 최근 야후와 아바야의 주가와 연계된 SPARQS를, 메릴린치는 소니와 연계된 STRIDES라는 상품을 내놨다. 〈중략〉

― 출처: 이데일리(2004. 7.8)

ELS 부각조건
'시장 안정될수록 인기확산 예감'

　제도도입 후 5년밖에 지나지 않은 ELS는 2007년을 기점으로 비교적 안정적인 성장단계에 진입한 것으로 평가받는다. 특히 한때 사상최초로 2000포인트를 돌파하는 등 근래 보기 드문 폭발적인 상승세를 보였던 증시활황 덕분에 ELS의 조기상환 러시가 속속 이어지면서 뜨거운 관심을 모으는데 성공했다.

　이후 지금에 이르기까지 장세에 따른 속도조절은 있을지언정 대중적인 투자자산으로 자리매김한 건 확실해 보인다. 최근엔 해외지수 등 다양한 기초자산까지 속속 등장하면서 투자자들의 고민이었던 선택폭을 넓히는 데 성공했다.

상품형태는 3년 만기의 조기상환형 스텝다운 ELS가 일반적인 모습을 보였고, 기초자산은 KOSPI200과 삼성전자, 신한지주, NIKKEI225 등 아주 다양해졌다. 일반적인 경우 투 스타 ELS상품은 포스코, 현대중공업과 같은 주가급등 종목과 삼성전자, 한국전력, 그리고 은행주 등 안정적인 우량주를 중심으로 주로 구성됐다. 하한 배리어는 대체로 기준가의 60% 수준에서 설정되고 있다. 수익률은 연간환산 기준 10~15% 가량에서 형성됐다.

하지만 2008년 하반기를 비롯해 앞으로도 계속 ELS의 인기가 꾸준히 지속되기 위해서는 몇 가지 전제조건이 필요하다.

우선 서브프라임 모기지 부실사태로 인해 촉발된 미국발 신용경색, 글로벌 증시침체, 그리고 국제유가 및 원자재가격 급상승 등의 영향으로 흔들리고 있는 국내증시의 안정화가 무엇보다 전제될 필요가 있다. 자산시장의 움직임이란 실물시장의 영향력 아래에 놓을 수밖에 없기 때문이다.

즉 2008년 이후 끊임없이 조정을 받다 한때 1450대까지 곤두박질쳤던 주가가 반등하는 게 우선돼야 한다. 2008년 상반기 지수형 ELS가 집중 발행된 지수대가 1800~1900p대이기 때문이다.

이 경우 원금손실이 발생할 수 있는 구간인 하한 배리어(통상 발행 시 기준가격보다 60% 이상 하락한 경우)를 적용하면 대략 1100포인트이기 때문에 1500대에서 조정 받고 있는 현 상황(7월 중순 현재)은 손실을 볼 가능성은 낮지만, 조기상환 여부도 더불어 낮아지게 마련이다. 이는 ELS의 양적 성장을 저해하는 요소로 작용할 수 있기 때문에 어느 정도의 지수반등은 필수요소라 할 수 있다.

⌇ 침체 · 횡보장세 '손실 적겠지만 조기상환 확률도 낮아'

또 ELS를 구성하는 가장 기본적인 요소인 기초자산이 보다 다양화될 필요가 있다. 물론 2007년부터 해외지수가 기초자산으로 편입된 상품이 잇따라 출시되는 등 투자자들의 선택폭이 넓어진 건 사실이다.

하지만 ELS시장이 보다 활성화되기 위해서는 이런 추세가 계속 이어질 수 있도록 보다 안정적인 기초자산을 편입한 상품이 등장하는 게 바람직하다. 해외지수의 경우도 한층 확대될 필요가 있다. 기존의 NIKKEI225, HSCEI 등으로는 부족하다. 가령 MSCI 월드지수나 서유럽지수 등을 편입한 상품이 등장하게 되면 투자자들은 이를 통해 해외 다수지역에 분산투자하는 효과도 거둘 수 있을 것으로 기대된다.

여기에 수익률 또한 제고돼야 할 것이다. 2007년 하반기 ELS의 수익률은 10%대 초반이었다. 2008년 초 우리투자증권이 자사는 물론 한국투자증권, 현대증권, 대우증권 ELS를 중심으로 조기 또는 만기에 상환된 ELS의 평균수익률을 조사해 발표한 결과 10~13%의 수익률을 거둔 것으로 나타났다.

하지만 CD금리가 5.58%(7월21일 현재)로 점차 높아지고 있는 추세를 감안해볼 때 10% 초반대의 수익률은 이미 눈높이가 높아진 ELS 투자자에게 그리 만족스러운 수준이 되지 못할 수도 있다. 저금리 때라면 보수적 ELS의 기대수익에 매력을 느낄지 몰라도 최근처럼 금리상승이 예상될 때라면 10%대 수익은 그다지 만족스럽지 않을 확률이 높기 때문이다. 투자자들의 눈높이에 맞춰 기대수익이 높은 ELS를 더 늘릴 필요가 있다.

마지막으로 ELS라는 상품자체에 대한 투자자들과 판매직원들의 이해도가 더욱 높아져야 한다. 지금까지 언급했듯 ELS는 결코 단순한 상품이 아니다. 첨단 금융공학기법을 동원해 만든 각종 옵션이 이리저리 얽혀있는 복잡한 상품이 ELS다.

ELS를 출시할 때 발행사가 제시하는 여러 기준에 맞는 조건이 충족돼야 비로소 수익이 창출되기 때문에 이를 권유하는 판매직원이나 돈을 지불하는 투자자의 상품이해도는 어쩌면 당연한 과제다.

단순히 높은 수익률을 보고 투자하는 소위 '묻지 마 투자'로

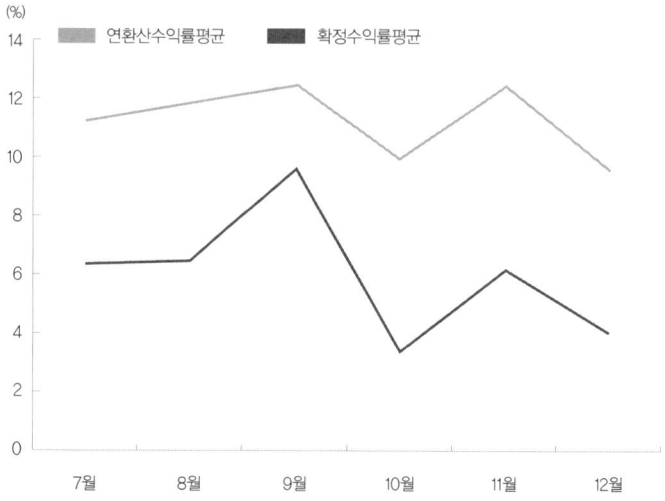

☑ 2007년 하반기 ELS 평균수익률 추이

(%)

■ 연환산수익률평균   ■ 확정수익률평균

• 자료 : 우리투자증권, 머니투데이(2008. 1.14)

는 ELS로 성공할 수 없다. 게다가 본인의 투자성향과 무관하게
일시적인 투자열풍에 의존해도 ELS로부터 투자과실을 딸 확률은
낮아진다. 시장이 활성화되지 않는 건 불문가지다.

명품 ELS 선정기준
'재고 따지고 묻고 맞춰라'

ELS는 복잡한 금융상품이다. 역사가 짧은데다 아직은 틈새 자산인 까닭에 ELS를 경험해본 투자자는 일부에 불과하다. 게다가 직접 주식투자나 일반적인 펀드(액티브)는 물론 ETF나 인덱스펀드보다 전제조건이 더 많이 붙는 자산이다. 결국 아는 만큼 위험은 줄이고 수익은 더 거둘 수 있다는 의미다.

같은 맥락에서 ELS를 파는 쪽에서도 이해가 부족한 실정이다. 고객이나 판매직원이나 낯설고 복잡하긴 마찬가지다. 그만큼 이리저리 재고 따지고 물은 뒤 투자자 본인의 상황과 성향에 맞추는 작업이 필수다. 집중분석 후의 맞춤투자다.

때때로 상환조건이 까다롭고 기초자산이 생소한 미래지향적 신종 ELS라면 치밀한 공부가 필요한 경우도 있다. 향후 ELS시장이 보다 선진화되고 복잡해질수록 이 경향은 더 심해질 수밖에 없다.

명품 ELS를 고르는 데도 몇 가지 룰이 있다. 다른 금융상품과는 기본적으로 상품구조 자체가 다르기 때문에 당연히 알짜 ELS를 찾아내는 도구와 방법은 달라진다. 큰 맥락에선 펀드범주에 속하는 까닭에 일반펀드처럼 고르려는 경향이 강한데, 그래선 곤란하다. ELS는 ELS처럼 선정·투자해야 효율이 높아진다.

지금부터 명품 ELS를 골라내는 선택기준을 알아보자.

〰 무리한 장세예측보단 '만기설정 등 분산투자 바람직'

좋은 ELS 상품을 고르기 전 투자자가 먼저 알아둬야 할 점은 바로 주식시장 흐름에 대한 명확한 이해다. ELS의 경우 주가 및 주가지수와 연계해 일정조건을 충족할 경우 수익이 확정되는 상품인 탓에 그만큼 향후의 주가전망을 살펴보는 게 중요하다. 대개 주식시장이 좋을 때에는 원금보장형 상품에 대한 선호도가 높고, 반대로 약세장일 경우에는 원금비보장형 상품을 많이 찾는 경향이 보이고 있다.

최근처럼 약세장일 땐 감내할 수 있는 범위 안에서 위험을 안는 대신 적정 고수익을 추구할 수 있는 원금비보장형이 강세다. 주가가 떨어져도 하락률이 조기상환 조건을 벗어나지만 않으면 투자 때 제시한 수익을 얻을 수 있다. 다만 향후 장세에 대한 예측력이 떨어지면 반대로 원금손실을 볼 수도 있다.

그럼에도 불구, 향후의 장세예측은 너무나 어려운 과제다. 전문가조차 틀리는 경우가 다반사인데, 하물며 정보가 부족하고 경험이 적은 아마추어가 증시전망을 한다는 건 불가능에 가까운 미션이다. 잘 예측하면 좋겠지만, 그보단 본인이 컨트롤 가능한 다른 수단을 통해 방향성에 따른 리스크를 줄이는 게 권고된다. 즉 장이 좋고 나쁨에 따라 좌우될 게 아니라 다양한 만기설정과 기간별 투자를 통해 시간을 분산한다는 마음가짐을 가지는 게 무엇보다 중요하다.

또 감언이설에 넘어가서도 안 된다. 각 증권사가 신상품을 출시하면서 내놓기 마련인 마케팅 차원의 화려한 문구나 전망에 현혹되지 않는 게 중요하다. 특히 최근 출시되는 상품 중에는 20% 이상, 심지어는 30%를 넘는 고수익을 제시하는 ELS도 제법 많이 쏟아지고 있는 실정이다. 과도한 고수익은 경계하는 게 맞다. 참

고로 많은 전문가들이 제시하는 ELS의 적정 수익률 벤더는 10~20%선이다.

ELS의 경쟁상품은 펀드처럼 투자상품이 아니다. 어쩌면 은행의 예·적금이 ELS의 경쟁상대로 보는 게 타당하다. 이는 각 증권사들조차 ELS를 판매할 때 안전성을 강조하고 있는 것을 보면 단적으로 알 수 있다.

어차피 예·적금보다 수익률은 높기 마련이므로 목표수익률이 얼마나 되는지 먼저 보기보단 기초자산이 무엇인지부터 파악하는 게 먼저다. 최근 들어서는 지수를 기초자산으로 편입한 지수형 ELS나 원금보장형 상품들의 수익률도 10~15% 가량의 수익률을 보장하고 있기 때문에 굳이 고수익에 현혹될 필요는 없을 것이다.

아마추어 투자자의 기초자산 '개별종목보단 시장지수'

ELS의 다양한 내용과 구조를 파악하기 위해서는 이와 관련된 내용이 상세히 기재돼 있는 약관을 꼼꼼히 읽어보고 본인의 투자 스타일에 맞는 상품을 고를 필요가 있다. 개인고객이 약관을 완벽히 이해하긴 어렵지만, 판매직원이나 관련 인터넷사이트를 검

색해보면 일정부분 도움을 얻을 수 있다.

특히 ELS를 처음 시작하는 초보투자자들이라면 기초자산이 개별종목인 것보다는 KOSPI200 등 지수로 편입된 상품을 선택하는 게 바람직하다. 지수라는 건 한 나라의 경제시스템이 한꺼번에 무너지는 대이변이 발생하지 않는 한 단기간에 40% 이상 떨어질 확률은 극히 낮다는 게 정설이다. 따라서 다양한 변동성

☑ 주요 ELS 기초자산의 변동성

높음	중간	낮음
두산	삼성중공업	우리투자증권
대림산업	한진해운	삼성SDI
한화	SK	S-oil
GS건설	대한항공	삼성전자
현대미포조선	삼성물산	현대차
두산중공업	삼성화재	신세계
미래에셋증권	LG디스플레이	KT
대우조선해양	현대제철	SK텔레콤
LG화학	하나금융지주	롯데쇼핑
LG전자	대우증권	KT&G
GS	하이닉스	현대모비스
SK에너지	POSCO	한국전력
HSCEI	국민은행	
KOSPI200		

• 자료 : 우리투자증권(2008년 6월30일 현재, 과거 120일 주가기준)

을 갖고 있고, 또 이로 인해 가격등락도 상대적으로 빈번한 개별 종목보다는 안정적인 지수를 기초자산으로 편입한 상품을 선택하는 게 여러모로 유리하다.

이외에도 과거의 운용실적이 좋았던 운용사를 고르는 것과 만기 등 여러 조건이 같은 경우라면 원금보장 구간이 더 넓은 것을 선택하는 것도 초보투자자가 적합한 상품을 선택하는 중요한 요령이 될 수 있다.

미래전망 'ELS가
뜰 수밖에 없는 여러 이유'

ELS시장은 승승장구 중이다. 첫선을 뵌 지 5년밖에 안 된 걸음마단계의 신종상품이 자산시장의 '앙팡테리블'로 변신, 매서운 속도로 기존상품의 영역에까지 세를 확산하고 있다. 틈새상품에 머물 것이란 애초의 전망이 무색할 정도다.

실제로 ELS시장은 급성장했다. 2003년 4월 최초로 시장에 출시된 ELS는 발행규모가 매년 급격히 늘고 있다. 업계추산에 따르면 2005년 14조2,000억원이던 게 2006년, 2007년엔 각각 23조원, 25조3,000억원으로 증가했다. 특히 2008년 상반기에만 무려

15조1,000억원의 ELS가 발행돼 인기를 끌었다. 2008년 6월엔 발행규모가 3조5,635억원에 달해 1개월 기준으로는 사상최대치를 기록했다.

한국가계의 자산운용 패러다임은 2004년 펀드투자 붐을 계기로 조금씩 변하고 있다. 안전자산에서 위험자산으로의 위치변화가 그렇다. 이른바 저축에서 투자로 방향을 바꾼 운용트렌드의 변화다.

특히 그동안 저금리 상태가 오랫동안 지속됐던 상황에서 최근 2~3년에 걸친 국내증시의 폭발적인 활황세는 이 같은 트렌드 변화를 더욱 촉진시키는 매개체 역할을 했다. 또 부동산시장마저 침체를 면치 못하고 있는 상황임을 감안한다면 저축에서 투자로의 패러다임 이동은 더욱 심화될 전망이다.

🔗 금융권 PB들 '지금은 ELS가 가장 유망' 이구동성

하지만 서브프라임 모기지 사태, 국제유가 및 원자재가격 급등 등으로 인한 국내외 증시의 변동성 증가는 현재 많은 투자자들이 주식 및 펀드 등에 대한 투자를 주저하게 만드는 요인이 되고 있다. 이런 상황에서 ELS는 높아지고 있는 변동성을 돌파할 수 있는 유력한 대안자산으로 각광받고 있다.

실제로 ELS는 이제 펀드만큼이나 대중화된 금융상품으로 자리를 잡아가고 있다. 앞서 설명처럼 매년 눈부신 성장세를 반복 중이다. 헤아리기조차 힘들만큼 쏟아진 상품숫자는 물론 판매고 역시 꾸준히 늘고 있다. 자산시장 전문가들에 따르면 ELS 특유의 상품구조와 투자매력이 보다 확산될 경우 상당기간 동안 매년 최소 20~30%의 성장세를 유지할 것으로 전망하고 있다.

이 같은 ELS의 인기는 기초자산 가격이 30% 이하로만 떨어지지 않으면 수익을 발생시키는 ELS만의 독특한 구조에 기인한 측면이 크다고 할 수 있다.

예를 보자. 2008년 8월 현재 주가지수는 1500대에서 지루한 조정을 받고 있다. 이런 상황에서 직접주식이나 펀드투자를 통해 20% 이상 수익을 거두려면 1800포인트까지는 올라가줘야 가능하다.

하지만 ELS라면 다르다. 각 상품마다 투자기간을 일률적으로 비교하기는 어렵지만, 대체적으로 봤을 때 3~6개월 동안 주가(및 개별종목 가격)가 85~90% 수준만 유지돼도 20% 이상 수익을 낼 수 있다.

다시 말해 일정부분 기초자산 가격이 하락해도 원금손실이 발생하지 않으면서 예금금리 이상의 수익률은 추구할 수 있다는 게

ELS의 돋보이는 장점이다. 이 정도 메리트라면 투자자들이 군침을 삼키기에 충분하다.

투자자뿐만 아니라 고액자산가들을 상대하는 프라이빗뱅커 (PB)들에게도 ELS는 현 시점에서 가장 유망한 투자종목으로 꼽힌다. 일례로 2008년 7월 중순 삼성증권이 자사 PB 100명을 상대로 실시한 설문조사 결과에서도 2008년 하반기 가장 유망한 재테크 상품으로 'ELS 등 파생상품'이 절반에 가까운 40%의 지지를 받기도 했다.

⬚ ELS는 주력보단 보조자산 '조정장 대안상품으로 굿'

하지만 투자자라면 반드시 명심해야 할 것도 있다. ELS라는 상품자체가 가계자산을 운용하는 절대비중의 주류상품은 아니라는 점이다. 또한 이렇게 인식해도 안 된다. 어쨌든 ELS는 투자 주 춧돌을 보완해주는 투자대안으로 더 어울리기 때문이다.

요컨대 ELS는 부인할 수 없는 미래지향적 틈새자산이다. 하지만 분명한 건 주력자산이 될 수는 없다는 점이다. 불가능하진 않지만, 이 경우 아마추어 투자자에겐 득보다 실이 더 크다. 따라서 장세변화에 맞게 적절히 옮겨 타며 활용하고 싶을 때, 즉 시장분

기점일 때 효율을 극대화할 수 있는 과도기적 상품으로 인식하는 게 옳다.

같은 맥락에서 조정장일 때 ELS는 그 투자효과를 최대화할 수 있다. 오르거나 내리거나, 아니면 멈추거나 시장방향성에 맞는 ELS를 고를 수도 있지만, 일반적인 경우 조정·하락장일 때 ELS의 경제학이 더 빛을 발하기 때문이다.

⬚➡️🔍 ELS 초보투자자를 지켜라

증권사 "초보 ELS 투자자 특별 관리해야"…
금감원 투자자보호 강화방안 마련

앞으로 증권사는 투자경험이 적은 고객이 ELS에 투자할 경우 별도로 관리하고 원금손실 가능성 등 투자위험을 충분히 알린 후 자필서명을 받아야 한다. 또 ELS 판매 시 투자자에게 발행 증권사의 신용등급 정보를 함께 제공해야 한다.

금융감독원은 ELS상품이 원금보장형에서 원금비보장형 위주로 급속히 전환됨에 따라 이 같은 내용을 담은 투자자보호 방안을 마련키로 했다고 밝혔다. 금감원 관계자는 "일부투자자는 ELS를 막연히 주식보다 저위험·저수익, 예금보다는 고위험·고수익 상품으로 알고 있는 경우가 많다"며 "투자경험이 적은 고객은 증권사별로 특별 관리하도록 할 것"이라고 설명했다.

이에 따라 증권사는 청약서에 ELS 투자횟수와 투자기간 등을 기재토록 하고 투자경험이 적을 경우 별도로 관리해야 한다. 특히 ELS를 정확히 알고 있는 고객에게만 판매될 수 있도록 ELS의 내용과 위험을 충분히 이해시킨 후 자필서명을 받아야 한다. 아울러 ELS 판매 시 투자자에게 발행 증권사의 신용등급 정보를 제공해야 한다. ELS는 만기에 발행자가 원리금을 지급하는 상품인 만큼 회사채와 같이 발행자의 신용도가 중요하다는 판단에서다.

이 관계자는 "지금까지는 신용등급 A이상인 대형증권사 위주로 ELS가 발행돼 신용도의 중요성이 부각되지 않았다"며 "중소형 증권사들도 ELS시장에 진출, ELS발행이 증가할 것으로 예상돼 발행자의 신용도를 충분히 고려해야 한다"고 설명했다. 이와 함께 고객들이 투자위험을 피부로 느낄 수 있도록 홈페이지나 창구에 일정 기간 동안의 ELS 손실발생 비율 등을 고지하도록 했다.

이밖에도 금감원은 중장기적으로 ELS에 처음 투자하는 고객이나 지식이 부족한 고객에게는 안정성이 보강되거나 최대손실액을 일정 수준으로 제한하는 방안을 검토하기로 했다. 한편 원금손실이 발생한 ELS의 만기분포를 분석한 결과 올 하반기 76억원(4종목)을 시작으로 2008년 6,323억원(120종목), 2009년 4,303억원(77종목) 등 만기도래 규모가 급격히 증가할 전망이다.

☑ 원금손실 중인 미상환 ELS의 만기분포

| 만기 | 2007년 | | 2008년 | 2009년 | 계 |
	상반기(6월)	하반기			
만기도래 규모 (종목수)	56 (1)	76 (4)	6323 (120)	4303 (77)	10758 (202)
비중	0.5	0.7	58.7	40.1	100.0

• 출처 : 머니투데이(2007. 6.24. 단위:억원, %)

✎●◉ 참고자료 ─────────────────────

「신종 유가증권 ELS(Equity-Linked Securities)-개념, 도입절차,
제도, 발행 및 상장현황」 증권거래소 조선규(2003)

「주가연동채권(ELN:Equity-Linked Note)의 도입과 효과」
한국증권업협회 조사국제부 리서치팀(2003. 2. 4)

「ELS 및 채권형 신종자본증권 상장·매매 현황」증권선물거래소
(2003. 7. 28)

「ELS 시장 경쟁도 분석 및 진입규제에 관한 시사점」
한국증권연구원 진익, 김형남, 한지연(2007. 5. 15)

「2007년 상반기 ELS 발행동향 및 시장분석」 한국채권평가
(2007. 7. 10)

「ELS 현황 및 투자자보호 강화방안」 금융감독원 보도자료
(2007. 6. 25)

「유가증권시장에서의 ELS 도입절차와 국내발행 및 상장현황」
(2007. 7. 13)

「ELS 현황 및 신상품 소개」 KIS채권평가(2007. 11. 9)

「ELS(DLS) 투자자보호 강화방안」 한국증권업협회 규제기획팀(2007. 12. 26)

「자본시장 Weekly (2008-06호) 중 '주식워런트증권, 주가연계증권, 파생결합증권 발행 현황'」 심수연, 한국증권연구원

「07년중 증권회사 파생상품(ELS·DLS) 시장 분석」 금융감독원 보도 자료(2008. 4. 11)

ᄿ Epilogue

수익보단 위험···
'잔소리에 귀를 열어라'

이 책을 읽는 독자 중 과거 학창시절 영어공부를 할 때 많은 학생들에게 인기를 끌었던, 지금은 타계한 안현필 선생의 '삼위일체' 시리즈를 아시는 분이 계실지 모르겠다. 영어공부를 잘하지 못했던 터라 그 책의 세세한 내용은 다 잊어버렸지만 단 한 가지, 시작 페이지부터 마지막 페이지까지 시종일관 계속됐던 '잔소리' 만큼은 또렷이 기억난다.

국내외 증시변동성이 높아지면서 어느 정도 원금을 보장하면서도 조건에 따라 고수익을 얻을 수 있는 ELS가 투자자들에게 큰 인기를 얻고 있다. 더군다나 최근 들어서는 ELS에 가입할 때 목표수익률이 높은 (원금비보장형)상품을 선호하는 경향마저 나타나고 있다.

하지만 ELS 투자에 앞서 투자자들이 반드시 명심해야 할 점은 이 상품의 구조를 제대로 이해하지 못하면 자칫 손실을 볼 수도 있다는 사실이다. 특히 원금비보장형 상품의 경우 원금보장형에 비해 수익률은 높지만 원금손실 가능성이 훨씬 높다. 또 은행에서 판매하는 ELD와 달리 ELS(또는 ELF)는 예금보호대상이 아니라는 점도 염두에 둬야 한다.

많은 전문가들이 "ELS가 명칭 자체가 낯설고 리스크가 큰 것처럼 보이지만 기초자산이 탄탄하고 수익구조가 안정적이라면 변동성 높은 증시에서 수익률을 높일 수 있다"고 한다. 동시에 "하지만 ELS 투자에 있어 발생할 수 있는 리스크가 과연 감내할 수 있는 수준인지, 무엇보다 투자자 스스로 수익구조를 이해하고 있는지 중요하다"고 신신당부한다. 이는 다소 이율배반적이지만, 지극히 당연한 얘기다. ELS 투자를 고민하는 여러분이 반드시 새겨들어야 할 '잔소리'다.